Ernst Windisch

Untersuchungen über den ursprung des relativpronomens in den indogermanischen sprachen

Ernst Windisch

Untersuchungen über den ursprung des relativpronomens in den indogermanischen sprachen

ISBN/EAN: 9783743359352

Hergestellt in Europa, USA, Kanada, Australien, Japan

Cover: Foto ©ninafisch / pixelio.de

Manufactured and distributed by brebook publishing software (www.brebook.com)

Ernst Windisch

Untersuchungen über den ursprung des relativpronomens in den indogermanischen sprachen

UNTERSUCHUNGEN
ÜBER DEN URSPRUNG
DES RELATIVPRONOMENS
IN DEN
INDOGERMANISCHEN SPRACHEN.

HABILITATIONSSCHRIFT
WELCHE MIT GENEHMIGUNG
DER
PHILOSOPHISCHEN FACULTÄT DER UNIVERSITÄT LEIPZIG
AM 7. AUGUST 1869 VORMITTAGS 10 UHR
IM COLLEGIUM JURIDICUM
OEFFENTLICH VERTHEIDIGT WIRD

VON

ERNST WINDISCH,
DR. PHIL.

LEIPZIG,
DRUCK VON C. P. MELZER.

Erst in neuerer Zeit hat man ernstlich begonnen, auch die Syntax in das Bereich der sprachvergleichenden Studien zu ziehen, und wer diesen Bestrebungen seine Aufmerksamkeit geschenkt hat, dem kann es nicht entgangen sein, dass sich hier noch ein weites freies Feld der Forschung eröffnet. Zwar ist auch hier schon manche Entdeckung gemacht worden, aber eine eigentliche Durcharbeitung nach sprachvergleichender Methode hat doch bis jetzt erst die materielle Seite der Sprache erfahren. Was war die ursprüngliche Gestalt der Wörter ihren Stämmen, ihren Suffixen nach, und nach welchen Gesetzen haben sich die in den einzelnen Sprachen vorliegenden Gestalten aus jener ersten entwickelt, das waren bisher die Hauptprobleme der vergleichenden Sprachwissenschaft; aber was war die ursprüngliche Bedeutung der Sprachtheile, und in welcher Weise hat sich diese verändert, diese Fragen harren noch zum grossen Theil ihrer eigentlichen abschliessenden Beantwortung von Seiten der Sprachwissenschaft. Eine Ahnung von den wichtigen Resultaten, die sich dabei ergeben werden, kann man aus der kleinen Schrift von Bréal, Les idées latentes du langage, erhalten. Hier weist der französische Gelehrte an einigen gut gewählten Beispielen nach, wie wenig von dem Inhalte der Begriffe und Vorstellungen, die wir von den Dingen haben, in der Sprache seinen materiellen Ausdruck findet, und wie viele Gedanken der Mensch mit den Wörtern zu verbinden pflegt, ohne dass auch nur ein kleines materielles Moment ihnen entspräche.

Auch die Syntax stellt sich als einen Zweig der Bedeutungslehre dar. Hier heissen nämlich die ersten beiden

Hauptfragen: welches war die ursprüngliche Bedeutung der Flexionsformen, und in welcher Weise sind aus ihr die Bedeutungen der entsprechenden Flexionsformen in den einzelnen Sprachen entstanden. Aber durch Beantwortung dieser Fragen erhalten wir zunächst nur eine Lehre vom einfachen Satze. Um für das Satzgefüge die richtige Fragstellung zu finden, müssen wir zunächst wissen, welches formale Element in seiner Bedeutung erkannt werden soll. In dem einfachen Satze τίσειαν Δαναοὶ ἐμὰ δάκρυα kommt es vom Standpunkte der Syntax nicht auf die sachliche Bedeutung der Stämme τι Δαναο ἐμο δακρυο an, sondern lediglich auf die Bedeutung ihrer Flexionsendungen, denn diese geben an, in welchem Verhältnisse die durch jene Stämme bezeichneten Begriffe zu einander stehen. In ähnlicher Weise kommt es beim Satzgefüge nicht auf die sachliche Bedeutung der Sätze an, sondern auf die Bedeutung der Elemente, welche der formale Ausdruck ihres Verhältnisses zu einander sind, d. h. der Relativpronomina und der Conjunctionen.

Will man demnach das eigentliche Wesen des Satzgefüges erforschen, so hat man zunächst an die Beantwortung der Fragen zu gehen: **welches war die ursprüngliche Bedeutung der Relativpronomina und der Conjunctionen, und welchen Entwickelungsgang hat dieselbe genommen.**

Wenn wir uns die genannten Theile des sprachlichen Organismus aus den verschiedenen indogermanischen Sprachen sammeln und vergleichend zusammenstellen, so wird uns sogleich einem Minus von Uebereinstimmung gegenüber das grosse Plus der Verschiedenheit auffallen. Nicht als ob wir in einer jeden Sprache eine Reihe ganz neuer, jeder andern Sprache fremder Wörter anträfen, sondern formell lassen sich stets die nämlichen Stämme in den verwandten Sprachen, wenn auch nicht immer in allen, nachweisen, aber nicht in jeder haben sie von der allen gemeinsamen Grundbedeutung aus die nämliche Entwickelung derselben gehabt. Der Pronominalstamm *ka* z. B. geht als fragendes oder unbestimmtes Pronomen durch alle Sprachen hindurch, aber relativ tritt er nur im Lateinischen und Germanischen auf, in unterordnenden Conjunctionen ausser im Lateinischen noch im Slawischen und Litauischen, endlich einfach copulativ im griechischen καί, im lateinischen *que*.

Im einfachen Satze herrscht im Gegensatze zu dieser manigfaltigen Verschiedenheit grosse Uebereinstimmung: Casus und Numerus des Nomens, Person, Tempus und Modus des Verbs wurden, wie man zum Theil noch sehen, zum Theil vermuthen kann, in allen indogermanischen Sprachen den Hauptzügen nach auf dieselbe Weise ausgedrückt. Für die Syntax ergiebt sich aus dem Gesagten das wichtige Resultat, dass wohl der einfache Satz bereits vor der Sprachtrennung ausgebildet war, aber nicht so das Satzgefüge. Indessen darf man andrerseits die Uebereinstimmungen mehrerer Sprachen in einem oder dem andern Punkte auch hier nicht für ein blosses Spiel des Zufalls halten. Wenn im Sanskrit, im Zend und nach unserer Ueberzeugung auch im Griechischen der nämliche Stamm *ja* als Relativum erscheint, so hat dies seinen guten Grund. Schon in der Ursprache nämlich muss in der Bedeutung des Stamms *ja* ein Keim gelegen haben, aus dem sich seine relative Bedeutung entwickeln konnte. Nun sind gerade jene drei Sprachen diejenigen, welche am frühesten zu einer Litteratur gelangt sind. Die Entwickelung einer solchen in so früher Zeit wurde aber jedenfalls dadurch begünstigt, dass die Inder, das Zendvolk und die Griechen nicht so weit wanderten, ehe sie ihre festen Wohnsitze einnahmen. Daher kommt es, dass jene drei Sprachen überhaupt in so vielen Punkten in der auffallendsten Weise übereinstimmen, und dass sie so oft gemeinsam das Alterthümliche gewahrt haben. So haben sie auch gemeinsam den Stamm *ja* zum Relativpronomen ausgebildet, während die andern Völker, welche noch länger auf der unruhigen und der geistigen Entwickelung nicht förderlichen Wanderschaft sich befanden, mehr oder minder aus dem ersten geistigen Entwicklungsprocesse herausgerissen und durch die Umstände sicherlich nicht begünstigt wurden, das weiter auszubilden, was vor der Sprachtrennung erst im Ansatz vorhanden war. Wenn man die Verwandtschaftsgrade der indogermanischen Völker unter einander näher zu bestimmen sucht, sollte man die berührten Gesichtspunkte nicht vernachlässigen. Man darf nicht zu viel daraus schliessen, dass das Griechische, das Zend und das Sanskrit so häufig in Alterthümlichkeiten zusammenstimmen, und man muss andererseits immer den grossen Zeitunterschied mit in Rechnung bringen, der zwischen den Anfängen der griechischen und denen der römischen Litteratur liegt.

Wir haben geläugnet, dass das Satzgefüge bereits vor der Sprachtrennung fest ausgebildet gewesen sei: wir können also im Pronominalstamme *ja* nicht „das altarische Relativum", wenigstens nicht in dem hergebrachten Sinne, erblicken, wie man wohl, allerdings ohne die Frage scharf ins Auge zu fassen, anzunehmen pflegt, und wie namentlich neuerdings von Fick (Wörterbuch der indogerm. Ursprache S. 147) und von Scherer (Zur Geschichte der deutschen Sprache S. 378) ausdrücklich behauptet worden ist. Letzterer stützt sich auf die Uebereinstimmung des Sanskrit und des Griechischen, ersterer fügt noch die gothische Conjunction *ja-bai* (wenn) hinzu. Letztere Conjunction dürfte, um dies gleich hier zu erwähnen, nicht allzuviel beweisen. Denn die Conditionalpartikeln gehören zu den Conjunctionen, welche nicht in jeder Sprache zu dem in ihr gebräuchlichen Relativstamme stimmen; ich erinnere nur in der Kürze an griech. εἰ und latein. *si*. Ein Schluss aber aus zwei Sprachen, und wäre es auch aus Sanskrit und Griechisch, auf uralte Verhältnisse in der Ursprache ist stets gewagt und anfechtbar, so lange nicht andere Momente zu seiner Unterstützung beigebracht werden können [1]. Aber

---

[1] Vergl. über diesen methodischen Grundsatz Delbrück in Kuhns Ztschr. XVIII S. 74.

andrerseits bedarf auch der entgegenstehende Schluss, dass man in Folge der Verschiedenheit der Relativpronomina und der Conjunctionen die Ausbildung des Satzgefüges erst den Einzelsprachen zusprechen müsse, noch gar sehr der nähern Beleuchtung, und wenn er oben S. 5 mit solcher Sicherheit ausgesprochen ist, so geschah dies nur, weil mir ausserdem die Ergebnisse der auf den folgenden Seiten niedergelegten Untersuchungen mit allen ihren Consequenzen bestimmend vor Augen standen.

Diese Untersuchungen erstrecken sich allerdings zunächst nur auf den Pronominalstamm *ja* und lassen vor Allem auch die Conjunctionen noch völlig bei Seite, aber die Etymologie des deutschen Relativpronomens „der die das" gestattet es, auch dies mit in den Kreis unserer Betrachtungen zu ziehen, und dieser Umstand ist deshalb von der grössten Wichtigkeit, weil uns die alten Denkmäler unserer Sprache, namentlich Otfrids Evangelienharmonie, eine tiefere Einsicht in das geheimnissvolle Werden eines Relativpronomens gewinnen lassen, als die ältesten Denkmäler irgend einer andern Sprache, die homerischen Gedichte nicht ausgenommen. Kaum eine einmalige Erwähnung wird das dem Stamme des interrogativen und indefiniten Pronomens angehörige lateinische Relativum finden, dem sich ja noch einzelne Erscheinungen in andern Sprachen, wie das gothische *hvileiks* (welcher), besonders aber Conjunctionen im Germanischen (z. B. ahd. *hwanta* weil), im Litauischen (z. B. *kad* als) zur Seite stellen. Da dies lateinische Relativpronomen zu einer ganz andern Verwandtschaft gehört, als die andern Relativpronomina, so bedarf es einer Untersuchung für sich allein, die aber nach meiner Ueberzeugung erst dann mit rechtem Erfolge wird geführt werden können, wenn wir das Wesen der andern Relativpronomina kennen gelernt haben, bei denen die Verhältnisse uns günstiger sind, und mancher Wegweiser uns den richtigen Weg nicht verfehlen lässt.

Auf die Relativsätze selbst mit ihren manigfachen Nüancirungen des Gedankens, wie sie namentlich im Griechischen durch die Wahl der Modi und durch Zusetzen von Partikeln auch einen entsprechenden äussern Ausdruck gefunden haben, werden wir gleichfalls nicht eingehen. Denn dies würde erst ausgedehnte Untersuchungen über die ursprüngliche Bedeutung und Verwendung dieser Sprachelemente voraussetzen, die wir unmöglich beiläufig abzumachen im Stande sind. Nur das Relativum als solches und seine Bedeutung im Satzbau ist Gegenstand der vorliegenden Arbeit. Nebenbei ist freilich Manches mit aufgenommen worden, was diesem Hauptthema auf den ersten Blick ferner zu liegen scheint, aber auch dies ist nicht ohne Absicht geschehen. Es kam mir darauf an durch möglichst viel Beispiele zu zeigen, dass auch in die grosse Manigfaltigkeit der in den indogermanischen Sprachen auftretenden Pronominalstämme eine grössere Ordnung gebracht werden könne, als man gewöhnlich darin gesehen hat, und dass es möglich sei, die verschiedenen Bedeutungen eines und desselben Stammes, deren Wechsel sich jedem Gesetze zu entziehen schien, dennoch in Zusammenhang zu setzen und auf eine Grundbedeutung zurückzuführen; auch glaubte ich, dass subtilere Unterscheidungen und Ableitungen, die bei einem Beispiele immerhin zweifelhaft bleiben, an Glaubwürdigkeit gewinnen würden, wenn man sie zu wiederholten Malen nachzuweisen im Stande ist.

Natürlich war Nichts weniger meine Absicht, als hier für irgend eine Sprache, geschweige denn für alle indogermanischen Sprachen eine erschöpfende Behandlung des Relativpronomens zu geben, sondern nur den Ursprung desselben zu ergründen und seinen Entwickelungsgang anzugeben will ich versuchen; die nähere Ausführung, vor Allem die Darstellung des fixirten und ausgebildeten Sprachgebrauchs bleibt der Grammatik der Einzelsprachen vorbehalten.

CAP. I.

Das Vorkommen des Pronominalstamms *ja* als Relativpronomen.

Dass das sanskritische Relativum *jas* (*jô*) *jâ jad* und das zendische Relativum *yas* (*yô*) *yâ yaṭ* dem Pronominalstamme *ja* angehören, bedarf keines weitern Beweises. Derselbe Stamm lebt auch in dem kirchenslawischen Relativum *i-že ja-že je-že*, wenn auch das einfache *i ja je* noch nicht relativische Geltung hat (Schleicher, Formenl. der kirchensl. Sprache S. 262, Miklosich, Vergl. Gramm. der slav. Sprachen IV S. 83). Wir werden jedoch sehen, dass die dem griechischen γε entsprechende Partikel *že* an und für sich nicht das Geheimniss des Relativums birgt.

Dagegen hat man bekanntlich das Relativum der griechischen Sprache hauptsächlich auf Grund eines vereinzelten Γότι der von Ross veröffentlichten lokrischen Inschrift von unserem Stamme trennen wollen, zu welchem es von Bopp (Vergl. Gr. II² S. 197, § 382), Curtius (Gr. Etym. S. 354 u. 532), Schleicher (Compend. ²S. 215), Leo Meyer (Vergl. Gramm. der griech. und lat. Spr. I S. 327), Sonne (Ztschr. XII 273) gestellt wird. Savelsberg nämlich sucht es mit dem Stamme *ka*, oder besser einer Nebenform desselben *kü, kva* zusammenzubringen (Ztschr. VIII 406 ff., X 75), und ihm folgt Hentze in seiner Dissertation *De Pronominum relativorum linguae graecae origine atque usu Homerico* (Goett. 1863). Lottner aber (Ztschr. IX 320), der Savelsberg darin beipflichtet, dass ὅς ἥ ὅ unverkennbare Spuren eines auslautenden Digamma zeige, will es lieber dem Stamm *sva* zusprechen, indem er an homerisches φή (zenodoteische Lesart in *Il.* B 144 und Ξ 499, s. Curtius Grundz. ² S. 352) und an gothisches *svê* erinnert. Aber mit Recht sind beide Versuche von Curtius (a. a. O. S. 354 und 532) und neuerdings von Richard Förster (*Quaestiones de attractione enuntiationum relativarum p.* 3) verworfen worden. Und in der That gegen einen Zusammenhang mit dem Stamme *kva* spricht doch vor Allem die haltlose Annahme des Abfalls eines anlautenden κ im Griechischen, noch dazu zu Gunsten eines Digamma.[2]) Dass man auch für das Griechische einen Stamm κϝο neben κο für das fragende und unbestimmte Pronomen ansetzen muss, dazu nöthigt allerdings das ππ in ὁππότε. Solche Formen, nicht minder die mit einfachem π anlautenden, zeigen aber gerade, wie im Griechischen die Lautgruppe κϝ behandelt wurde, wenn das Digamma nicht mit υ wechselte wie in κύων (skr. *çvan*), oder ganz wegfiel wie in καπνός (Curtius Grundz. S. 131).

Natürlicher Weise kann der Abfall eines κ um nichts annehmbarer dadurch werden, dass Hentze (a. a. O. S. 25 ff.) homerische Beispiele bringt, in denen ὅς indirecte Fragen einzuleiten scheint oder in gewissem Sinne indefinit gebraucht ist, und dass er durch dieselben die ursprüngliche interrogative und indefinite Bedeutung von ὅς beweisen will. Aber ὅς kommt weder jemals wirklich interrogativ, noch jemals wirklich indefinit vor, so dass man es mit τίς oder τὶς vertauschen könnte, und die Beispiele, in denen Hentze indirecte Fragen sieht, erscheinen nur durch lateinische Brille als solche. Immer steht im regirenden Satze ein

---

2) Ebenso unhaltbar ist die Annahme Savelsbergs, dass auch das sanskritische Relativum *jas* vorn ein *k* eingebüsst habe. Er will eben alles relative Satzgefüge auf Frage und Antwort zurückführen. Natürlich müsste dann auch das Zend an seinem *yas* ein *k* verloren haben. Schon diese Einigkeit, dass drei Sprachen an ihrem Relativpronomen, das Griechische wenigstens unabhängig von den beiden andern, ein *k* eingebüsst haben sollen, muss Zweifel erregen.

Verbum des Wissens oder Kennens — nie z. B. ein Verbum des Fragens — und nach einem solchen kann der bestimmter auftretende Relativsatz gar nicht auffallend sein. Ein Beispiel ist *B* 365 γνώσῃ ἔπειϑ' ὅς ϑ' ἡγεμόνων κακὸς ὅς τέ νυ λαῶν, ἠδ' ὅς κ' ἐσϑλὸς ἔῃσι.[3]) Auch im Sanskrit steht in ähnlichen Fällen der einfache Relativsatz, z. B. *Nal. II* 20 çrṇu mê, maghavan, jêna na dṛçjantê mahîkshitaḥ (höre von mir, o Indra, weshalb die Erdherrscher nicht gesehen werden). Für den indefiniten Gebrauch kann H. eigentlich nur die Partikel ὁτὲ anführen; aber diese ist keineswegs identisch mit ποτέ, sondern sie bedeutet, wenn sie zuerst steht und ἄλλοτε folgt: „das eine Mal = einmal", wenn sie an zweiter Stelle folgt: „das andere Mal". Stellen der ersten Art sind Σ 599, Υ 49; ein Beispiel der andern Art ist *P* 178. Diese Spuren von einer ursprünglichen interrogativen und indefiniten Bedeutung beruhen also auf Täuschung; mithin wird auch der Versuch hinfällig, das ganze relative Satzgefüge im Griechischen aus Frage und Antwort entwickeln zu wollen (Hentze a. a. O. S. 30 ff.), ein Versuch, den wir nicht erst im Einzelnen zurückweisen wollen, weil die Sache, wie H. selbst S. 31 eingesteht, *exemplis probari nequit*. Dabei können wir immer anerkennen, dass allerdings in Beispielen wie *o* 72 ἴσόν τοι κακόν ἐσϑ', ὅς τ'οὐκ ἐϑέλοντα νέεσϑαι ξεῖνον ἐποτρύνει, καὶ ὃς ἐσσύμενον κατερύκει, Ξ 81 βέλτερον, ὃς φεύγων προφύγῃ κακὸν ἠὲ ἁλώῃ, *H* 171 κλήρῳ νῦν πεπάλασϑε διαμπερές, ὅς κε λάχῃσιν, dass in solchen Stellen der Gebrauch des Pronomens ὅς schwer mit einer ursprünglich demonstrativen Bedeutung des letztern vereinigt werden kann.

---

3) Die übrigen von Hentze angeführten Stellen sind: Φ 609, Υ 21, *N* 278, Ψ 498, *H* 171, ϱ 363, β 45, π 317 = τ 498 = χ 418, γ 185, τ 219. Gesetzt sogar den Fall, dass einzelne Stellen, wie z. B. die letzterwähnte, auch vom griechischen Standpunkt als indirecte Fragen aufgefasst werden müssten, so würde daraus noch lange nicht folgen, dass ὅς, οἷος u. s. w. ursprünglich interrogative Bedeutung gehabt hätten.

Die Ansicht Lottners lässt sich eher hören; er hätte noch hervorheben können, dass namentlich im homerischen Dialekte der Stamm *sva* (οὗ οἷ ἕ) ganz die Geltung eines einfachen Pronomens der dritten Person hat und nicht etwa ausschliesslich reflexiv gebraucht wird, wie im lateinischen *sui sibi se*. Allein es würde dann doch der einfache Stamm *sva* im Griechischen nicht bloss in dreifacher Function, sondern auch in dreifacher lautlicher Gestaltung vertreten sein, einmal adjectivisch im Possessivpronomen ὅς ἥ ὅν, zweitens substantivisch in εἷο (ἕο εὗ) οἷ ἕ σφεῖς u. s. w. und eben in dem Relativum ὅς ἥ ὅ (*Gen.* ὅο, οὗ). Das Relativum stimmt allerdings bis auf das Neutrum gut zu der angeführten Form des Possessivpronomens ὅς ἥ ὅν, aber die Nebenform ἑός ἑή ἑόν gehört nur dem letztern an. Ebenso beachtenswerth ist die Abweichung im Neutrum, denn das relative ὅ stellt sich in Parallele zu den Formen τό, αὐτό, hat also wie diese jedenfalls ein auslautendes *d* verloren. Dies würde auf eine Grundform *svad* hinweisen, eine Form, die sonst in keiner indogermanischen Sprache vorkommt; das Neutrum vom Stamm *sva* lautet stets *svam*. Nun könnte man aber all das Erwähnte durch einen gewissen Differenzirungstrieb der Sprache zu entschuldigen suchen. Allein dagegen ist zu erwähnen, dass ja ὅς ἥ, ὅ gar nicht ausschliesslich relativ vorkommt, sondern gar nicht selten unbestreitbar in gewissem Sinne demonstrativ, z. B. *M* 344 ὃ γὰρ κ᾽ ὄχ᾽ ἄριστον ἁπάντων εἴη, *Ψ* 9 ὃ γὰρ γέρας ἐστὶ θανόντων = ω 190.

Der Hauptanlass, an den sich diese ganze *Kva-* und *Sva*-Theorie geknüpft hat, ist jenes inschriftliche Ϝότι gewesen. Inschriftliche Zeugnisse müssen allerdings im Allgemeinen ein grosses Gewicht haben, verlieren dasselbe aber, wenn andere inschriftliche Zeugnisse ihnen entgegenstehen. Dies ist hier der Fall, und darauf ist bereits von Curtius (Grundz.[2] S. 354) aufmerksam gemacht worden. Auf der nämlichen Inschrift steht der Dativ des Personalpronomens ohne Digamma und sogar ohne *Spir. asper* (οι), während letzterer unnöthiger Weise in *ΗΑΓΕΝ* (d. i. ἄγειν) gesetzt ist. Noch schlagender aber ist der Umstand, dass auf alten Inschriften, auf welchen das Digamma geschrieben wird, dieses sonst überall da, wo wir es erwarten, erscheint, während die Formen des Relativpronomens ausnahmslos nur den *Spir. asper* zeigen [4]). Auf der ersten der herakleischen Tafeln z. B. (C. I. III. p. 698) kommen folgende Wörter stets digammirt vor: Fίδιος (Z. 13, 32, 49, 55, 56, 59, 62, 67, 74), Fίκατι (Z. 37, 81, 83, 84, 139, 171), Fικατίπεδον (Z. 62, 76), Fέτος (Z. 51, 53, 101, 104, 109, 110, 111, 117, 121, 124, 134, 178), dazu einmal (Z. 152) die Form ἐγFηληθίωντι (=ἐξειληθῶσι). Wie wenig dagegen an Digamma beim Relativpronomen gedacht werden darf, zeigt die Zusammensetzung καθώς (Z. 57, 75, 169, 175), und ebenso zeigen es alle die einfachen Formen mit ihrem *Spir. asper*: ὅςτις (Z. 108), ὅ τι (Z. 111, 130, 133, 160, 163, 176, 178), ἅς (Z. 100), ᾧ (Z. 135), ᾇ (Z. 81, 137), ἄν (Z. 106), οἷς (Z. 107, 142, 146), ἅ (Z. 156), ὡς (Z. 56, 99, 105, 130, 138, 149), ὥστε (Z. 152), ὡςαύτως (Z. 59, 68), ὅσσος (Z. 159), ὅσσῳ (Z. 110), ὅσσαι (Z. 148, 170), ὅσσα (Z. 121, 126, 137), ὁσσάκις (Z. 132), οἵας (Z. 103).

Auch in den homerischen Gedichten erscheint, das Adverbium ὡς abgerechnet, beim Relativum keine Spur eines verlorenen Anfangsconsonanten, wie schon Hoffmann bemerkt. [5])

Absichtlich habe ich diesen Umstand nicht als Beweis gegen ursprünglich anlautendes Digamma angeführt, weil es ja mit der Nachwirkung dieses Lautes in den homerischen Gedichten eine eigne Bewandniss hat. Dasselbe gilt auch von den Nachwirkungen eines ursprünglichen Jod.

---

4) Das Zeichen des Digamma auf den herakl. Tafeln ist ⊏, des Spir. asper ⊦.

5) Hoffmann, *Quaestt. hom. I* p. 105: *Falluntur tamen, qui putant digamma hac in voce valuisse apud Homerum, cujus rei testimonium non potest inveniri.*

Wollte man daraus, dass keine Spur eines anlautenden Consonanten in den homerischen Gedichten nachweisbar ist, sogleich den Schluss ziehen, dass auch kein solcher da war, so müssten wir auch auf die Ableitung des griechischen Relativpronomens vom Stamme *ja* verzichten. Ich hoffe in meiner Dissertation *De hymnis homericis majoribus* nachgewiesen zu haben, dass Digamma und Jod in den homerischen Gedichten nur in den uralten Versformeln sichere Spuren ihres einstigen Daseins zurückgelassen haben. Diese uralte Formeltradition lässt sich z. B. auch bei dem Verbum ἵημι [6]) erkennen, das bekanntlich auf eine Verbalwurzel *ja* zurückgeht und ursprünglich *jijαμι* gelautet haben wird (Curtius Grundz.² S. 359). Dasselbe lässt an mehreren Stellen einen vorausgehenden langen Vocal ungekürzt und bewirkt nicht immer die Elision eines vorausgehenden kurzen Vocals. Allein an vier Stellen geht πρόσσω voraus: M 274, N 291, O 543, Π 382; darnach gebildet ist ἄμφω ἱέσθην γ 344 (vgl. ἄμφω δ' ἱέσθην Σ 501). Eine zweite Versformel war wohl αἰχμὴ ἱεμένη, die sich in unseren Texten allerdings nur Υ 399 findet, aber Θ 495 und M 46 wenigstens *varia lectio* ist. Wahrscheinlich war sie auch an den äusserst ähnlichen Stellen Υ 280 und Χ 70 der Anlass zu der Zusammenstellung ἔστη ἱεμένη. Drittens kommt die Partikel δέ öfters unelidirt vor: Β 154, γ 160, ι 261 (οἴκαδε), ρ 5 (ἄστυδε); Α 537, Ν 386, Υ 502 (ὁ δὲ ἵετο), Β 589 (μάλιστα δὲ ἵετο). Das Formelhafte aller dieser Stellen wird dadurch recht klar, dass die erwähnten

---

6) Auffallend ist, dass bei diesem Verb nicht blos im Imperfectum, wo der Gedanke an das temporale Augment nahe läge, sondern auch in andern Formen, namentlich im Participium, das ι gedehnt ist. In den meisten Fällen steht dies ι vor zwei auf einander folgenden kurzen Silben (z. B. ἱέμενοι), so dass die Form ohne Dehnung des ι gar nicht in den Vers gegangen wäre. Da sich aber β 327 ἐπεί νυ περ ἵεται und μ 192 Ὣς φάσαν ἱεῖσαι findet, so kann man annehmen dass das wahrscheinlich früher als das *j* der Reduplicationssilbe aufgegebene *j* des Stamms jene Dehnung wenigstens unterstützt habe.

Ausdrücke immer dieselben Versfüsse einnehmen. Von bedenklichen Stellen in der Ilias bleibt nur noch übrig εἴα ἱεμένους *II* 396, wo das Unterlassen der Verkürzung ebenso gut auf der durch die Contraction motivirten Schwere des α und der Freiheit des ersten Fusses beruhen kann (vgl. Ξ 199 δαμνᾷ ἀθανάτους, Φ πειρᾷ, ὥς κε, Beides zu Anfang des Verses). Ἀλλ᾽ ἐμὲ ἱέμενοι φ 72 ist als vereinzelte der Odyssee angehörige Erscheinung von keinem weiteren Gewicht. E 434, N 424, Θ 301, 310 ist der Hiatus durch die bukolische Cäsur entschuldigt. An der grossen Mehrzahl der Stellen aber ist keine Nachwirkung des verlorenen *j* wahrzunehmen, wie in οὖρον ἵει *A* 479, β 420, λ 7, μ 149, ο 292 u. a. — Das Wort ἧπαρ dagegen, dem das lateinische *jecur* entspricht, zeigt in den homerischen Gedichten überhaupt nie eine Spur von consonantischem Anlaut, denn es kommt in keiner Formel vor. Vgl. Υ 469, 470, ι 301, λ 578, χ 83; an den übrigen Stellen steht es zu Anfang des Verses: *A* 579, N 412, P 349.

Nun begreift es sich, warum das *j* des Relativpronomens, das der Partikel ὥς ausgenommen, kein Gedenkzeichen in den homerischen Gedichten zurückgelassen hat: dies Pronomen kommt nicht als zweiter Bestandtheil von Versformeln vor, und konnte es füglich nicht, weil es meist an erster Stelle im Satze steht, und in der Regel eine Interpunction vor sich hat. Die Partikel ὥς dagegen kommt in einer uralten Formel vor, nämlich wenn es als Vergleichungspartikel dem zur Vergleichung herbeigezogenen Nomen nachgesetzt wird, z. B. in κακὸν ὥς B 190, ὄρνιθες ὥς Γ 2, πέλεκυς ὥς Γ 60, θεὸς ὥς Γ 230 u. s. w., und nur in diesem Falle hat das *j* seine Kraft bewahrt (vgl. Hoffmann *Quaestt. hom. I p.* 104, Curtius Grundz. S. 532).

Schliesslich sind wir aber noch schuldig, die Gründe zusammenzustellen, welche uns in gewissem Sinne nöthigen, gerade *j* als den verlorenen Consonanten des griechischen Relativpronomens anzunehmen und letzteres in Folge dessen zum sanskritischen *jas jâ jad* zu stellen.[7]) Wir nehmen als selbstverständlich an, dass das Relativpronomen ὅς, weil untrennbar von der relativen Partikel ὡς, einen consonantischen Anlaut verloren hat. Dies könnte an und für sich sowohl σ, als auch *F*, als auch *j* sein. Für σ fehlt jeder weitere Anhalt. Gegen *F* spricht, dass die wichtigsten Inschriften, die sonst das Digamma bewahrt haben, bei diesem Worte immer nur den *Spir. asper* zeigen; auch fände der einfache Pronominalstamm *Fo* in relativer Function keine Analogie in den verwandten Sprachen, man hat daher an die bekannten, in satzverknüpfenden Functionen allerdings nachweisbaren Stämme *kva* und *sva* gedacht. Was gegen diese eingewendet werden muss, ist gesagt worden. Nur gegen *j* lässt sich kein stichhaltiges Bedenken erheben. Dass bei Rückführung des Relativpronomens ὅς auf den Stamm *ja* das Griechische zum Sanskrit und Zend eine enge Beziehung zeigt, ist nach dem S. 5 ff. Bemerkten nicht wunderbar. Im Gegentheil wir müssten uns wundern, wenn der Stamm *ja*, der doch in den indogermanischen Sprachen eine so wichtige Rolle spielt, im Griechischen ganz fehlen sollte, gerade im Griechischen, das sich doch sonst durch Bewahrung und Erhaltung uralter Wort- u. Formenfülle auszeichnet. Curtius (Grundz. ² S. 355) erinnert, dass dann ὡς vortrefflich zu skt. *jât* stimmt, wie Kuhn zuerst zeigte, und ἧος, ἕως zu skt. *jâvat*. Nicht zu übersehen endlich ist, dass erst bei unserer Annahme die zusammengesetzten relativen Pronomina und Adverbia begreiflich und neben den einfachen verständlich sind, also ὅςτις neben ὅς, ὁπόσος neben ὅσος, ὅπου neben οὗ u. s. w.

Wollten wir nun damit beginnen, das Griechische mit dem Sanskrit und Zend zu vergleichen, um so hinter das

---

7) Dass es überhaupt nicht überflüssig war, die Frage nach der Verwandtschaft des griechischen Relativpronomens nochmals zu behandeln, geht daraus hervor, dass noch Corssen in der 2. Auflage seines Hauptwerks I S. 389 die Ableitung desselben vom Stamme *ja* mit einem Fragezeichen versieht.

Entstehungsgeheimniss des Relativpronomens zu kommen, so würden wir nicht viel mehr erfahren, als wir schon aus dem homerischen Griechisch errathen können; denn im Sanskrit und Zend, namentlich im ersteren, ist der Stamm *ja* eben nur Relativpronomen, nichts Anderes. Wir müssen uns vielmehr in den Sprachen umsehen, in welchen das Relativum einem andern Stamme angehört, ob in diesen vielleicht der Stamm *ja* vertreten ist (Cap. II.) und in welcher Bedeutung (Cap. III.).

CAP. II.

Das Vorkommen des Pronominalstamms *ja* in anderer als der relativen Funktion, der Pronominalstamm *i* und sein Verhältniss zu *ja*.

Unzweifelhaft gehört hierher das litauische einfache Pronomen der III. Person *jìs jì* (Schleicher lit. Gramm. S. 196) und das gleichbedeutende kirchenslawische *i ja je* (Schleicher Formenlehre des Kirchensl. S. 263). Zu diesen stellen sich die wenigen Beispiele, in denen ὅς und ὅ im Griechischen nicht relativ auftritt, z. B. *Φ* 198 ἀλλὰ καὶ ὅς δείδοικε Διὸς μεγάλοιο κεραυνόν..[8])

Allein wir dürfen uns nicht auf den Stamm *ja* beschränken. Mit Recht betrachten Pott (Et. Forsch. II¹ S. 162) und Curtius (Grundz.² S. 355) denselben als eine Erwei-

---

[8]) Vergl. Förster *Quaest. de attract. p.* 4. Dass man nicht bei ὅς an die sanskritische Form *sas* denken darf, verbietet das gleichfalls in nicht-relativem Sinne erscheinende Neutrum ὅ, s. S. 215. Von Wichtigkeit ist, dass der Stamm *ja* im Griechischen nur in bestimmten Formeln die erwähnte Bedeutung hat (ὅς γάρ, ὅ γάρ, οὐδ' ὅς, μηδ' ὅς καὶ ὅς, ἦ δ' ὅς); man darf daraus auf das hohe Alter der letzteren schliessen.

terung des einfachen Stammes *i*; dasselbe ist Leo Meyer geneigt anzunehmen (Vergl. Gr. d. gr. u. lat. Spr. I S. 335). Allerdings hat Bopp Nichts davon wissen wollen, er sagt Vergl. Gr. § 365 (II ² S. 169): „Die Verwandtschaft beider (von *i* und *ja*) lässt sich aber nicht beweisen, denn da *sa ta ma na* einfache Urstämme sind, warum sollte nicht auch der Halbvokal *y* einen solchen beginnen können?" Aber wenn man einerseits nicht leugnen darf, dass *ja* „ein Urstamm" sein könnte, so ist doch auch andererseits die Möglichkeit des Gegentheils unbestreitbar. Vor Allem ist zu betonen, dass der Stamm *i*, wo er selbstständig und nicht als Glied einer Zusammensetzung erscheint, gleichfalls die Funktion eines einfachen Pronomens der III. Person hat.

Dies trifft zunächst die meisten Formen des goth. *is* [*si*] *ita*, des ahd. *er* [*siu*] *ez* und des alts. [*hi' siu*] *it*. Schon im Gothischen ist im *Nom. S. Fem.* eine mit *s* anlautende Form (*si'*) eingetreten; dieser entspricht das ahd. und alts. *siu*, aber in beiden letztgenannten Dialecten sind noch mehr mit *s* anlautende Formen eingedrungen: im Acc. S. Fem. *sia*, im Nom. Acc. Pl. aller drei Geschlechter im Ahd. *siê siô siu*, im Alts. *siâ siâ siu*. Dazu kommt im Ahd. der Gen. Sing. Masc *sîn*, während im Alts. eine mit *h* anlautende Form (*hi*) im Nom. S. Masc. erscheint. Dies ist ein Ansatz zu dem, was im Angelsächsischen und Altfriesischen [9]) durchgeführt ist: in ersterem Dialect vertritt *he heó hit*, in letzterem *hi hiu hit* in vollständiger Declination unser „er sie es". Zu dem nämlichen mit *h* anlautenden Stamme gehören bekanntlich auch die vereinzelten gothischen Formen, die in den Redensarten *himma daga, fram himma, fram himma nu, und hina dag, und hita nu* erhalten sind. Lassen wir letztere Formen für jetzt bei Seite, im Ahd. und Alts. aber stellt sich, wie Heyne (Kurze Laut- und Flexionslehre der

---

9) Nur der Vollständigkeit wegen sei daran erinnert, dass im Altnordischen in gleicher Bedeutung das Pronomen *hann, hon* gebraucht wird.

altgerm. Spr. S. 324) bemerkt, der Stamm *sja* in allen den Casus ein, „die der Gothe aus dem erweiterten Stamme *i* bildet." Gemeint sind damit Acc. S. F. *ija*, Nom. Pl. M. *eis*, Acc. Pl. F. *ijôs*, Nom. Acc. Pl. N. *ija*, und man nimmt an, dass diese Formen auf einen Stamm *aja* zurückzuführen seien, wie z. B. Scherer (Zur Gesch. d. deutschen Sprache S. 379). Es lohnt sich indess der Mühe, nach der Berechtigung dazu zu forschen, namentlich da sich uns in dem gothischen Zahlworte *threis thrijôs thrija* vom Stamm *thri* eine lehrreiche Parallelbildung darbietet.

Den Dat. *thrim* und den Acc. *thrins* übergehen wir, da sie in ihrer Bildung Nichts Auffallendes bieten, sie stimmen genau zu *im* und *ins*, sowie zu den gewöhnlichen Formen des Dat. und Acc. Pl. der nominalen *I*-stämme, wie *balgim balgins*. [10]) Beim Nom. M. *threis* aber tritt eben jene Frage an uns heran, ob das auslautende *eis* aus *ajas* entstanden sei. Skr. *trajas*, gr. τρεῖς scheint dies zu empfehlen, aber nicht so das litauische *trys* und das kirchenslawische *trje*, dessen *i* schwerlich aus urspsünglichem *a* geschwächt ist. Ebensowenig zeigen die übrigen germanischen Dialekte eine Spur der angegebenen Verstärkung in den Formen ahd. *driê*, alts. *thria*. Wohl aber sind diese Formen aus der *I*-declination ausgetreten, indem an den Stamm hinten ein *a* antrat, und von den neuen *A*-stämmen *dria*, *thria* sind nun nach Analogie von ahd. *diê* und alts. *thia* (Pronominalst. *tja*) jene Nominativformen *driê*, *thria* gebildet worden. Dagegen ist das altnordische *thrîr* identisch mit dem gothischen *threis*. Beide lassen sich ohne das geringste lautliche Bedenken auf eine Grundform *thrijas* zurückführen, man denke an *freis frija frijata* (skr. *prijas prijâ prijam*), dessen Masc. *freis* doch ohne Zweifel aus *frijas* nach Verdrängung des *a* entstanden ist. Die so gewonnene Grundform *thrijas* ist

---

10) Man vergleiche zu goth. *thrim, thrins* aus dem Litauischen die entsprechenden Formen Dat. *trims*, Acc. *tris*; dazu Instr. *trimis*, Loc. *trisè* (Schleicher, Lit. Gr. S. 215).

aber weiterhin identisch mit *trijas*, der Grundform des litauischen *trys*[11]) und des kirchenslawischen *trije* (s. Schleicher, Formenl. des Kirchensl. S. 212. 243). *Trijas* seinerseits ist völlig überein gebildet mit ionischem πόλιες: an den Stamm *i* trat das Suffix *as*, und die lautliche Erscheinung, welche für das Kirchenslawische Gesetz ist, dass nämlich ursprüngliches *i* sich vor folgendem Vokale zu *ij* zertheilt (Schleicher a. a. O. S. 73. 74), braucht nur für das Gothische zugegeben zu werden[12]), um im gothischen *threis-*thrijas* den regelrecht und ohne Verstärkung gebildeten Nom. Pl. eines *I*-stammes zu sehen, wenigstens beruht die Verstärkung, wenn man in jenem *ij* für *i* durchaus eine solche erkennen will, auf einem rein phonetischen Vorgange.[13]) — Für den Nom. Acc. Pl. N. *thrija* hat man erst recht nicht den geringsten Grund, eine Urform mit *aja* anzusetzen, denn weder skr. *trîṇi* (ved. *trî*, s. P. W. unter *tri*) noch griech. τρία und lat. *tria* können einen Anstoss dazu geben. Im Gegentheile beweisen die letzten beiden Formen im Vereine mit ahd. *driu*, alts. *thriu*, angels. *threó*, altn. *thriu*, dass auch hier im Gothischen eine unverstärkte Bildung

---

11) Dass lit. *trys* nicht auf den erweiterten Stamm zurückgeht, zeigt ausserdem *trej-ì trejós*, die Distributivzahl; diese geht offenbar auf den Stamm *traja* zurück, *aj* ist also zu *ej* geworden.

12) Weitere Beispiele im Goth. sind *frijon*, *frijondi*, *frijonds*, *frijathva*, *frijei* neben *frion*, *friathva*, ferner *fijan*, *fijands*, *fijathva* neben *fian*, *fiands*, *fiathva*. Auch erklären sich auf diese Weise die Formen Du. *siju*, *sijuts*, Pl. *sijum*, *sijuth*, Conj. *sijau*, *sijais* u. s. w. Sie sind am nächsten dem griechischen ἔσσομαι (Stamm *asja*) verwandt. Das ableitende *ja* hat eben auch ursprünglich vocalisches *i*, mag es nun mit der Pronominalwurzel oder mit der Verbalwurzel *i* zusammenhängen; und die vocalische Natur des *i* in dem Verbalsuffix *ja* zeigt sich auch noch im vedischen Sanskrit, aus welchem Benfey (*Sâma-veḍa* S. LIII) zweisilbiges *siát* (für gew. *sját*), *siâm* (für gew. *sjám*), *sius*, *siâma* nachweist.

13) Vergl. Bopp, Vergl. Gr. I² S. 461. Derselbe hat bereits, wie wir, das Pronomen und das Zahlwort in Parallele gesetzt, ohne jedoch genauer auf die beiderseitigen Casus einzugehen.

vorliegt, und dass wir *ij* als rein phonetische Veränderung des stammhaften *i* vor folgendem Vokale anzusehen haben. — Der Nom. Pl. F. *thrijôs* aber ist völlig aus der Analogie der *I*-stämme herausgetreten: wie man an dem auslautenden *ôs* sieht, gehört er seiner Bildung nach den *A*-stämmen an (vergl. *gibôs, thôs*). Abermals könnte man vermuthen, *thrijôs* ginge auf ursprüngliches *thrajôs* zurück, aber auch diese Vermuthung findet keine Unterstützung. Im Gegentheil entsprechen dem *thrijôs* in den andern germanischen Dialekten wiederum unverkennbar unverstärkte Formen: im Ahd. *driô*, im Alts. *thria*, im Ags. *threó*, im Altfr. *thria*, im Altn. *thriar*. Also auch hier ist jenes *ij* nur eine phonetische Spaltung des einfachen *i*, nur dass dieselbe hier nicht vor einem Vokale der Endung, sondern vor einem den Stamm erweiternden *a* eingetreten ist. Es liegt also hier dieselbe Stammerweiterung durch alle germanischen Dialecte hindurch vor, welche wir oben bei Besprechung des goth. *threis* im ahd. *driê* und im alts. *thria* antrafen. Sie zeigt sich ferner noch im Dat. Pl. des Altfriesischen *thrium* (nebent *hrim*), im Gen. Pl. des Ahd. *drierô* (neben *driô*), des Ags. *threóra*, und auch aus dem Griechischen gehört eine Form hierher, der Dat. Pl. τριοῖσι bei Hipponax (Krüger, Gr. Sprachl. II 24, 1, 4). — Eine echte Bildung vom *I*-stamme ist endlich der Gen. *thrijê*. Zu ihm stellt sich im Ahd. *driô*, im Altn. *thriggja*. Letztere Form enthält einen neuen Beweis dafür, dass das *ij* der gothischen Formen nicht als Schwächung von *aj* gelten darf, denn *aja* wurde im Altn. *eggja*, wie der Gen. Pl. *tveggja* (vergl. den Gen. Du. im Skr. *dvajôs*) beweist. Aus dem Kirchenslawischen gehört hierher der Gen. *trii*, entstanden durch die Mittelform *triju* aus urspr. *trijâm* (d. i. *tri+âm*), s. Schleicher a. a. O. S. 249.

Jetzt wenden wir uns zu unserem Pronomen zurück. Dasselbe steht insofern mit dem besprochenen Zahlworte in näherer Beziehung, als beide Wörter einsilbige *I*-stämme sind, bei denen also das *i* nicht, wie bei den übrigen *I*-stämmen, Suffix, sondern in gewissem Sinne wurzelhaft ist.

Daher schreiben sich die gemeinsamen Declinationseigenthümlichkeiten, daher vor allem das Bestreben, das i immer ungetrübt in den Vordergrund treten zu lassen. Es steht nun im Nom. Pl. M. *eis* parallel dem *threis*, im Nom. Acc. Pl. N. *ija* dem *thrija*, im Acc. Pl. F. *ijôs* dem *thrijôs*. Wie *threis* nach gothischem Auslautsgesetz (Schleicher, Compend. ² §. 113) aus *thrijas*, d. i. *thri + as*, so entstand *eis* nach demselben Gesetze aus *ijas*, d. i. *i + as*; wie *thrija*, *thrijôs* für *thri + a*, *thri + ôs* steht, so steht *ija*, *ijôs* für *i + a*, *i + ôs*. Als wirklich im Stamm erweitert darf von den erwähnten Formen nur *ijôs* gelten. In diesem hat der Stamm *i* hinten den Zusatz eines *a* erfahren, dasselbe gilt aber noch von dem Acc. S. F. *ija* (Grundform *i + â - m*); als zweisilbiger Accusativ hat es das ursprüngliche *âm* im Auslaut, wie die Nomina der *A*-declination (z. B. *giba*), zu *a* gekürzt, während derselbe Ausgang im einsilbigen *thô* zu *ô* wurde (s. Schleicher a. a. O. S. 158).

Als eine Art Probe für die Richtigkeit unserer Erklärung der gothischen Formen kann man folgende Beobachtung betrachten. Wir dürften im Althochdeutschen, das mit dem Gothischen die Neigung *i* vor Vocalen in gewissen Fällen zu *ij* zu spalten nicht theilt, im Acc. S. F. statt *ija* ein *ia*, im Nom. Pl. statt *eis ija* nach Analogie von *driê driu* ein *iê iu*, im Acc. Pl. F. statt *ijôs* ein *iô* erwarten. Aber an Stelle der erwarteten Formen *ia*, *iê*, *iu*, *iô* findet sich thatsächlich *sia*, *siê*, *siu*, *siô*: wir sehen, es sind wenigstens sehr nahe liegende zum Ersatz gewählt worden. Da übrigens alle diejenigen Formen des einfachen *I*-stammes gewahrt sind, welche durch die Endung einen Consonanten gleichsam als Stütze erhalten haben, so ist es mir nicht unwahrscheinlich, dass jene andern Formen eben deshalb, weil sie keinen Consonanten besassen und somit diesen gegenüber gleichsam als schwach und marklos erschienen, aufgegeben wurden. Das gothische *si* im Nom. S. F. dürfte auch seine Geschichte in sich enthalten. Aus *ijâ*, d. i. *i + â*, der Grundform des Nom. S. F. (vgl. ahd. *siu*), war, wie eben *si* wahrscheinlich macht, nach dem Auslautsgesetze (Schleicher, Compend.² S. 159 No. 4) *i* geworden; vom Stamme *bandjâ* lautet ja auch der Nom. *bandi*. Jenes *i* war aber vermuthlich den Gothen zu flüchtig, und so trat schon im Gothischen der mit *s* anlautende Stamm ein.

Das zweite wichtige Pronomen, welches dem Pronominalstamme *i* angehört, ist das lateinische *is ea id*, zu dessen Formen wir jetzt übergehen. Die allgemein üblichen Formen *is id*, der bei Festus und in den Leges XII tabularum erhaltene Acc. *im* oder *em* ¹⁴), der inschriftlich belegte Nom. Pl. M. *eis*, der bei Plautus, Pomponius und Lucretius nachweisbare Dat. Pl. *ibus*, und der gleichlautende Abl. Pl. *ibus* bei Plautus und Titinius stellen sich so ungesucht zu den entsprechenden gothischen Formen *is*, *ita*, *ina*, *eis*, *im* und scheinen so sicher auf den einfachen *I*-stamm zurückzugehen, dass die volleren Formen Nom. S. M. *eis*, *eisdem*, *eidem* und Neutr. *eidem* diesen Einklang unangenehm stören. *Eis* findet sich an drei Stellen der Lex Repetundarum aus dem Jahre 631 oder 632 a. U. (C. I. I No. 198), allein an 26 Stellen der nämlichen Inschrift steht das gewöhnliche *is*. Aehnlich verhält es sich mit den andern erwähnten Formen, von denen Nom. S. M. *eidem* mit den meisten Stellen belegt ist. Ein und dieselbe Inschrift (C. I. I No. 577) hat *eisdem*, *eidem*, *idem*, alle drei Formen neben einander. Das neutrale *eidem* kommt nur einmal vor, auf der Lex de Termessibus aus dem Jahre 683 a. U. (C. I. I No. 204), aber nur wenige Zeilen darauf steht *idem* in demselben Sinne. Vergl. Corssen, Ueber Aussprache u. s. w. der lat. Sprache 2. Aufl. I S. 717.

---

14) Ebel will den Acc. *em* auf die Grundform *aim* zurückführen, um den Uebergang von ursprünglichem *i* zu *e* nicht zugeben zu müssen, Ztschr. V S. 187. Allein es kann weder bewiesen werden, dass *em* eine von *im* in der Bildung verschiedene Form ist, noch ist es nach meinem Dafürhalten Ebel gelungen, jenen Uebergang als nicht existirend nachzuweisen.

Eis und *is* sind nicht identisch. Dass auf ein und derselben Inschrift dreimal *eis* neben 26 mal *is* vorkommt, beweist dies zunächst noch nicht, wenn wir nämlich das *i* von *is* für lang ansehen. Langes *i* ist aber auf jener Inschrift zwar meist durch *ei* ausgedrückt, aber doch nicht immer. So findet sich neben je einmal *leitis, leitem, leitibus* auch je einmal *slis, lis, litis, litem, litis* (Acc. Pl.), so wird ferner *primus* stets mit *i* geschrieben, ebenso das einmal vorkommende *petitum*, während in der Lex Rubria vom Jahre 705 a. U. (C. I. I No. 205) *peteita* zu lesen ist, und namentlich *preimus* auf andern Inschriften sehr oft vorkommt. Allein dass das *i* von *is* zur Zeit, als jene Inschrift abgefasst wurde, also Mitte des 7. Jahrh. a. U. (des 2. v. Chr.), lang gewesen sein soll, ist befremdend, da doch auch in der älteren Litteratur meines Wissens keine Spur davon zu entdecken ist. Ausserdem fallen noch schwerer als die erwähnten gothischen Formen die oscischen Formen *ìs ìd*, erhalten in *is-i-dum, izic* und *íd-i-k, idic* ins Gewicht. Das Zeichen aber, welches gewöhnlich durch *ì* transcribirt wird, bezeichnet wohl stets einen zum *e* sich hinneigenden *I*-laut, meines Wissens aber nie einen langen (vgl. *ìst* = lat. *est*, *pìd* = lat. *quid*). Mit dem altlat. *ei* darf es gar nicht identificirt werden, denn diesem entspricht auch im Oscischen ein *eí* (in lat. Schrift *ei*), z. B. im Dat. S. *diúveí (Jovi)*, *regatureí (rectori)*. Ganz willkürlich aber würde die Annahme sein, dass *ì* in dem osc. Pronomen erst aus *eí* verkürzt sei. Derselben steht ganz besonders das Pronomen entgegen, welches jene Verstärkung wirklich und unverkennbar aufweist: es sind dies die einem Stamme *ei-so* angehörigen Formen Gen. S. M. *ei-seis, eizeis*, Fem. *eizasc*, Loc. S. M. N. *ei-sei, eizeic* u. s. w., s. Mommsen, Unterital. Diall. S. 265, Bugge Ztschr. V. S. 2.

Die Kürze von *is* ist also ursprünglich; ebenso ist das Neutrum *idem* von *eidem* verschieden. Ob dasselbe auch von den masculinen Formen *eïsdem, eidem* einerseits, und

Relativpronomen. 25

idem (Masc.) andererseits gilt, muss vor der Hand dahingestellt bleiben (s. S. 231).

In *eis* aber fasst Corssen den Stamm *ei* als Steigerung von *i* auf (Krit. Beitr. S. 529, Ueber Ausspr. u. s. w. I² S. 386). In indogermanische Laute übersetzt würde dies *ei* gleich *ai* sein, und ein Pronominalstamm *ai* findet sich wirklich auch in andern Sprachen nicht selten, freilich meistens als erster Bestandtheil pronominaler Compositionen. Der oscische Stamm *ei-so* ist schon erwähnt. Ihm entspricht nach Ebel (Zeitschr. II, S. 61) der umbrische Stamm *e-ro*, erhalten z. B. in den Formen-Gen. S. M. *erer-ek* (osc. *eiseis*), Abl. S. N. *eru-k* (osc. *eizuc*), F. *era-k* (osc. *eizac*). Dieser oscisch-umbrische Stamm ist identisch mit dem sanskritischen Stamme *êsha* im Nom. S. *êshas êshâ*, zu welchem die übrigen Casus vom Stamme *êta* gebildet werden. Ebenso ist es im Zend, wo diese Stämme in der Gestalt *aesha*, *aeta* auftreten.

Wichtiger ist, dass im Sanskrit ein Stamm *ai* in selbstständiger Existenz erscheint, und zwar in einer Anzahl der zum Nom. *ajam ijam idam* gestellten Formen: Instr. Pl. M. N. *ê-bhis*, Dat. Abl. Pl. M. N. *ê-bhjas*, Gen. Pl. M. N. *ê-shâm*, Loc. Pl. M. N. *ê-shu*; dazu kommt der vedische Instr. S. F. *aj-â* und Gen. Loc. Du. *aj-ôs* (s. P. W. unter *idam*). Bop (Vergl. Gr. II² S. 170) rechnet diese Formen zum Pronominalstamme *a*, dem ein *i* beigemischt sei, und sagt: „Es bedarf also nicht der Aufstellung eines besondern Stammes *ê*, sondern es ist dieses nur eine phonetische Erweiterung von *a*, und es kommt davon auch der männliche Nominativ *ayâm*, aus *ê+am* wie *svayâm* selbst aus *svê* (für *sva*)+*am*." Dass die erwähnten Sanskritformen allerdings vom Pronominalstamme *a* ausgehen, scheint unzweifelhaft zu sein. Dafür sprechen vor Allem die weiblichen Formen, die ihnen zur Seite stehen: *âbhis, âbhjas, âsâm, âsu*; ferner Formen wie *asmât, asja, asmin, asjâi, asjâs, asjâm*.

Wir haben demnach im Italischen einen Pronominalstamm *ai*, der von der Basis *i* ausgegangen ist und, wie

Corssen sagt, auf Steigerung des *i* beruht. Wir haben im Sanskrit einen Pronominalstamm *ai*, der von der Basis *a* ausgegangen und, wie Bopp sagt, durch Beimischung eines *i* aus letzterem entstanden ist. Sollten aber die Bildungsprincipien der gleichlautenden Stämme wirklich so verschieden sein? Im sanskritischen *êsha*, *êta* und im oscischen *eiso* berühren sich die beiden Stämme.

Da es einen Pronominalstamm *a* und einen Pronominalstamm *i* in den indogermanischen Sprachen gibt, da ferner die Pronominalstämme überhaupt eine unleugbare Neigung haben unter einander Verbindungen einzugehen, so sehe ich nicht ein, warum man unser doppeltes *ai* nicht für eine Zusammensetzung der Pronominalstämme *a* und *i* halten dürfte. Und da die Pronominalstämme nicht blos nach vorn, sondern auch nach hinten durch Composition zu wachsen pflegen, so konnte *ai* sowohl entstehen, wenn vor *i* ein *a* trat, als auch, wenn zu *a* ein *i* kam.

Es ist schon längst kein Geheimniss mehr, dass die Nominalstämme entstanden, indem den Wurzeln der Nomina nachgestellte Pronominalstämme mit diesen verwuchsen; ebenso bekannt ist es, dass die Flexionsendungen pronominalen Ursprungs sind. Demnach kann es nicht wunderbar sein, wenn auch in der nominalen Declination *i* und *a* als stammauslautende Suffixe dieselbe Neigung haben, welche sie als selbstständige Pronominalstämme zeigen: die nominalen *I*-stämme und die nominalen *A*-stämme sind in gewissen Formen genau genommen *Ai*-stämme. Am deutlichsten kann man diese Eigenthümlichkeit im Sanskrit beobachten. Zum Nom. S. *kavi-s* heisst der Dat. S. *kavaj-ê*, der Nom. Voc. Pl. *kavaj-as*, im Voc. S. *kavê* liegt der Stamm *kavai* rein vor, und auch im Gen. Abl. S. *kavês* wird er enthalten sein. Es ist bekannt, dass die *I*-stämme im Griechischen hierin mit den sanskritischen völlig übereinstimmen. Zum Nom. S. $\pi ó\lambda\iota$-ς lautet der Gen. S. $\pi ó\lambda\varepsilon$-$\omega\varsigma$, der Dat. S. $\pi ó\lambda\varepsilon$-ι, der Nom. Pl. $\pi ó\lambda\varepsilon$-$\varepsilon\varsigma$, entstanden aus $\pi o\lambda\varepsilon j$-$o\varsigma$, $\pi o\lambda\varepsilon j$-$\iota$, $\pi o\lambda\varepsilon j$-$\varepsilon\varsigma$, wie die homerischen Formen $\pi ó\lambda\eta o\varsigma$,

Relativpronomen. 27

πόληι, πόληες noch deutlich verrathen. Auch das Gothische bietet Parallelen, denn der Gen. und Dat. S. der weibl. *I*-stämme hat offenbar den volleren Stamm, z. B. in *anstais*, *anstai* (dagegen Dat. Pl. *anstim*, Acc. *anstins*). — Andrerseits entdecken wir an *A*-stämmen, z. B. an *dêva*, *ai* als stammauslautendes Suffix im Dat. Abl. Pl. *dêvê-bhjas*, Loc. Pl. *dêvê-shu*, Gen. Loc. Du. *devaj-os*, im vedischen Instr. Pl. *dêvê-bhis* (Rgv. VI 16, 1). Dass das *ê* solcher Formen, wie jedes *ê* im Sanskrit gleich *a*+*i* sei, ist zwar meines Wissens nicht geleugnet worden, aber Bopp (Skr. Gr. § 148) hat behauptet, dass dies *a*+*i* aus *a*+*a*, d. i. *â* geschwächt sei. Allein das *ê* in *dêvêbhjas dêvêshu* lässt sich nicht von dem *aj* in *dêvajôs* trennen, und für letzteres wird doch Niemand ein ursprüngliches *dêvâ-ôs* ansetzen wollen. Für die Naturwüchsigkeit des *ê* kann man auch noch das Zend anführen, das in den Formen, in welchen das Sanskrit *ê* hat, den regelmässigen Vertreter dieses Diphthongs, nämlich *ae* zeigt, z. B. *açpaeshu* = skr. *açvêshu* (Justi, Handb. der Zendspr. S. 387). Noch mehr haben die weiblichen Stämme im Sanskrit den volleren Stamm, zunächst den auf *aj* im Instr. S. *kanjaj-â* (*kanjâ* das Mädchen) und im Voc. *kanjê* (wie oben *kavê* vom Stamme *kavi*), dann den auf *âj* im Dat. S. *kanjâj-âi* (vergl. *nadj-âi* vom Stamme *nadî*), Gen. Abl. S. *kanjâj-âs* (vergl. *nadj-âs*), Loc. S. *kanjâj-âm* (vergl. *nadj-âm*). Für das Griechische hat Ahrens (Ztschr. III S. 81—113) diese Erweiterung der *A*-stämme durch *i* einer eingehenden Untersuchung gewürdigt. Abgesehen von Einzelheiten stimme ich nicht mit ihm überein, wenn er S. 87 sagt, „dass die Feminina der männlichen Stämme auf *a* ursprünglich durch Zufügung eines *i* auf *ai* ausgingen (woraus skr. *ê*, lat. *ae* oder *ē*), dass aber statt dieses Diphthonges meistentheils gedehntes *ā* eingetreten ist". Denn da im Sanskrit auch die Masculina dieselbe Stammerweiterung erleiden (vergl. *dêvêshu, dêvajôs* u. s. w.), so kann *i* nicht ursprünglich Bezeichnung des weiblichen Geschlechts gewesen sein. Aber überzeugt bin ich, dass die räthselhaften

Feminina auf ω, welche inschriftlich und nach dem Zeugniss des Herodian ein ι προςγεγραμμένον hatten, ihre Declinationseigenthümlichkeiten dadurch erhalten haben, dass ι consequent an das ursprünglich stammauslautende a antrat. Ueberzeugend ist für mich besonders, dass die Mehrzahl der Appellativa und desgleichen nicht wenige der Eigennamen einfache *A*-stämme als Nebenformen oder einfache *O*-stämme als Masculina zur Seite haben, z. B. χρειώ χρεία, ἠχώ ἠχή, ἀνθρωπώ ἄνθρωπος u. a. (s. Ahrens a. a. O. S. 88 ff.), dass ferner Plural und Dual dieser Wörter, wo er vorkommt, der Analogie der gewöhnlichen *O*-declination folgt, z. B. λεχοί, λεχῶν, λεχοῖς (a. a. O. S. 95). Die Vokative ἠχοῖ, Γοργοῖ, Σάπφοι aber stimmen genau zu skr. *kanjê*. Die übrigen sanskritischen Formen liegen insofern etwas ab, als das *i* zumeist an langes *a* getreten ist, während die griechischen Formen, abgesehen von der Verschiedenheit der Endungen, stets einen kurzen Laut zeigen: ἠχοj-ος, die Grundform zu ἠχοῦς steht neben skr. *kanjâj-âs*, ἠχοj-ι die Grundform zu ἠχοῖ, neben skr. Loc. *kanjâj-âm*, Dat. *kanjâj-âi*. Indessen haben wir schon oben auf den Instr. *kanjaj-â* mit kurzem *a* aufmerksam gemacht, man vergleiche auch die erwähnte vedische Pronominalform *aj-â*, und dass das Femininum nicht von allem Anfang an und durchaus stammhaftes langes *a* beanspruchte, dürften die griechischen Wörter wie ὁδός, νῆσος und ähnliche mit beweisen. Allerdings sind manche Formen noch schwer erklärbar, namentlich die ionischen Accusative auf ουν von Eigennamen, z. B. Λητοῦν (s. Ahrens a. a. O. S. 94), und hier kommt man mit der wohlfeilen Erklärung, dass ου aus ω entstanden sei, nicht aus. Hauptsächlich diese Accusativformen sind es, welche Curtius darin bestärken, für alle jene Nomina ein Suffix oϝι anzusetzen. Die Masculina πάτρως, μήτρως, aus deren vermuthlichem Suffixe er dieses deducirt, scheinen allerdings einer Bildung mit *patruus* und dem aus *matruelis* erschliessbaren *matruus* zu sein, sie würden dann als Grundformen πατροϝος, μητροϝος haben. Aber mir will das Suffix *oϝι* namentlich für die femininen Appellativa nicht recht in den Sinn; es scheint ihm jede Analogie zu fehlen, und die Einfachheit der Bedeutung von Wörtern wie χρειώ, ἠχώ, αὐδώ, μορφώ, δοκώ, εἰδώ, τητώ, θηλώ, πευθώ, εὐεστώ, ἀπεστώ (vergl. skr. *asta* Heimat) u. a. würde dies auffallende Suffix nicht rechtfertigen. Lautlich könnte man Λητοῦν allerdings aus ΛητοϝιΝ durch Ausstossung des ι ohne Anstoss erklären, aber eine Analogie hätte eine solche Bildung doch höchstens in γραῦν, wenn man γραυι als Grundform annimmt (Curtius, Grundz. S. 161). Vielleicht darf man Λητοῦν doch auf Λητόον, d. i. Λητοj-ον zurückführen. Dann könnte man auch die Accusative Λητοῦν und Λητώ vereinigen: für beide Formen lautet die Grundform Λατοjαν. Als *j* geschwunden war, konnte aus dem auslautenden *οαν*: *οον* werden, und dann erhielt sich das *ν*: so entstand Λατοον, Λητοῦν. Man konnte aber auch — und das ist bei den Appellativen Regel geworden — der Analogie der consonantischen Stämme getreu bleiben: so entstand Λατοα, d. i. das gewöhnliche Λητώ. Könnte man der gewöhnlichen *A*-declination im Griechischen sicher nachweisen, dass sie im Singular auch Formen vom erweiterten Stamme enthielte, so würde unsere Erklärung der Nomina auf ω bedenklicher werden. Nun aber sind alle Singularformen der gewöhnlichen *A*-declination vom einfachen Stamme gebildet, und die verstärkten Stammformen haben sich zu einer besondern, wenn auch der Natur der Sache nach schwach vertretenen Declination abgesondert. Anders steht es im Plural. Hier bezweifle ich nicht, dass im Dat. Loc. μούσαι-σι die Stammerweiterung anzuerkennen ist, und zwar um so weniger, als ja in der *O*-declination λύκοι-σι und skr. *vṛ-kê-shu*, zu denen sich noch slaw. *vlŭcè-chŭ* gesellt, genau zusammenstimmen (vergl. Schleicher Formenlehre des Kirchensl. S. 246, Compend.[2] S. 574). An Epenthese des ι im Griechischen glaube ich desshalb nicht, weil ja das ι der Endung erst eine speciell griechische Schwächung eines *a* ist (s. Schleicher Comp.[2] S. 573).

Auch im Lateinischen lassen sich entsprechende Erscheinungen nachweisen. Der auf langes *ês* oder *îs* ausgehende Nom. S. von *I*-stämmen, wie *nubês, famês, canês, hostîs* neben *famīs, canīs, hostīs* u. a. (Bücheler, Grundriss der lat. Decl. S. 8) lässt sich nicht besser erklären, als wenn wir ihn, wie schon Bücheler (a. a. O.) that, dem Pronomen *eis* zur Seite stellen. Dieser selbständig existirende pronominale Nominativ deckt die angegebene Erklärung jener nominalen Nominative vollständig: *canis* verhält sich zu *canês* wie *is* zu *eis*[15]). Den Nom. Pl. der *I*-stämme, z. B. *cîvîs, cîvês*, inschr. *ceiveis*, wage ich nicht mit heranzuziehen, da der auslautende lange *I*-vokal sehr wohl aus *ies* (vergl. *siet, sît*, inschr. *seit*, Corssen Ueber Aussprache u. s. w. I² S. 748) entstanden und die ganze Form dem griechischen πόρτιες gleich gebildet sein kann. Zu den Nominativen *famês, canês* stimmen vortrefflich die Nominative der 5. Declination *effigiês, speciês* u. a., nur dass diese von der *A*-declination ausgegangen sind. Allein ich bin trotz *rês* nicht mit Ahrens (Ztschr. III S. 86) überzeugt, dass die ganze 5. Declination sich von der 1. dadurch unterscheide, dass in jener die — nach seiner Ansicht älteren — *Ai*-stämme, in dieser die einfachen *A*-stämme zu suchen seien. Denn die Bildung des Genetivs wenigstens rechtfertigt dieses Scheidungsprincip keineswegs: man vergleiche Gen. S. *terrâ-i* und *speciê-i*, beide Formen scheinen nur durch Annahme von *Ai*-stämmen befriedigend erklärt werden zu können (s. Schleicher Comp. ² S. 558). Da vielmehr in auffallender Weise die meisten der zur 5. Declination gehörigen Wörter vor dem *e* ein *i* haben *(facies, effigies, milities, amicities,*

---

15) Anders erklärt diese Wörter Ebel, Ztschr. V S. 192, indem er behauptet, dass in ihnen die ursprünglichen *J*-stämme sich zu *Ja*-stämmen erweitert hätten (aus *iâ* sei durch die Mittelstufe *iê* zuletzt *ê* geworden) oder dass *is* an dieselben getreten wäre; erstere Annahme passe für die Feminina, letztere für die Masculina. Für diese Erklärungen gibt es aber auch nicht einen sicheren Anhaltepunkt im Lateinischen.

glacies, rubies, materies, acies, reliquies, species, pernicies, mollities, progenies, luxuries, durities, canities, barbaries), so bin ich geneigt mit Ebel (Ztschr. V S. 192), Corssen (Krit. Beitr. S. 468) in diesem *i* den eigentlichen Grund der Trübung des *a* zu *e* zu erblicken. Das *ês* des Nominativs lässt sich aber kaum auf dieselbe Weise genügend erklären, wo käme das *s* her? Nehmen wir dagegen hier Antritt eines *i* an, so trat der so entstandene *Ai*-stamm den *Ai*-stämmen wie *canês, hostîs, eis* zur Seite und erhielt nach deren Analogie jenes Nominativzeichen.

Ich glaubte diese allerdings etwas längere Digression vom eigentlichen Thema machen zu müssen, weil diese auf nominalem Gebiete verfolgte Eigenthümlichkeit der Stammerweiterung im Lateinischen auch in der Flexion der Pronomina eine wichtige Rolle spielt. Pronominale *I*-stämme werden auf diese Weise den pronominalen *A*-stämmen nahe gerückt, und so kommt es, dass gewisse Formen des Pronomens *is ea id* und die entsprechenden der Pronomina *qui quae quod, hic haec hoc* sich wechselseitig in ihrer Bildung aufhellen.

In Bezug auf den Nom. S. *quî*, inschr. *quei* ist zu bedenken, dass er ursprünglich neben *quis* ohne Bedeutungsunterschied bestand (Bücheler S. 13), und dass sich erst im Laufe der Zeit die Differenzirung vollzogen hat. Es verhält sich nun *quis* zu *quei*, wie *îs* zu *eis*. Die einzige, für das Latein aber gewiss nicht zu kühne Voraussetzung dabei ist, dass *quei*, wie das umbrische *poi*, sein Nominativsuffix *s* verloren hat; für dieselbe spricht vor Allem die Thatsache, dass im Nom. S. M. *eidem* (inschriftlich neben *eis-dem* bewahrt) *eis* gleichfalls sein *s* verloren hat. Dem *eidem* entspricht das gewöhnliche Masc. *idem*, in welchem wir also den verstärkten Stamm anzuerkennen haben; oder sollte Jemand eine Art Ersatzdehnung für verhältnissmässig spät abgefallenes Nominativ-*s* in den sonstigen Lautverhältnissen der altlateinischen Sprache begründet finden? Ob nun in *quî* eine Verstärkung des *O*-stammes, der in *quod quorum quos* u. s. w. offenbar vorliegt, oder des *I*-stamms, welchem *quis quem quibus* u. a. angehören, zu suchen sei, lässt sich nicht entscheiden und ist auch von keinem Belang. Wichtig für unsere Auffassung ist, dass man in älterer Zeit (Ennius, Pacuvius) nicht bloss *quî vir*, sondern auch *quî mulier* sagte. Es ist sehr misslich mit Corssen (Krit. Beitr. S. 542) dies feminine *quî* auch der Form nach ohne Weiteres mit *quae* zu identificieren. Wir werden von unserem Standpunkte mit weit grösserem Rechte geltend machen, dass ein *Oi*-stamm als ein *I*-stamm betrachtet werden kann, und die *I*-stämme machen ja im Lateinischen bei der Flexion nur einen Unterschied zwischen persönlichem und sächlichem Geschlecht. Natürlich ist *hî-ce, hî-c* — *heic* ist gewiss nur zufällig auf keiner Inschrift überliefert — ebenso gebildet, und diesen drei einsilbigen Stämmen reihen sich die zweisilbigen Pronomina *iste ille ipse* an, die eben nur in Folge ihrer Zweisilbigkeit und der durch sie bedingten Differenz in der Betonung von ihnen abweichen: der unbetonte Ausgang *ei̯, î* (entstanden aus *eis, îs*) erlag der weitern Schwächung in *ĕ* [16]).

Auf den erweiterten Stamm gehen mit Sicherheit die Dative *ei, cui, hui-c* zurück. Für *ei* findet sich auf derselben Inschrift, welche uns den Nom. S. *eis* bewahrt hat, an sieben Stellen die Form *eiei̯*, während zehnmal daselbst die gewöhnliche Form zu lesen ist. Hier werden wir aber an der Identität von *ei* und *eiei* nicht zweifeln, denn noch bei Lucretius ist das *e* von *ei* stets lang gebraucht (z. B. *diditur ei* II 1136), und Ritschl, der über diese Formen Opusc. II S. 421 (De argum. acrost. Mil. Glor.) handelt, hat dazu auch aus Plautus eine ganze Reihe von Stellen gesammelt (z. B. Cist. I 2, 19 *feci ejus ei quód me oravit copiam*). Das auslautende lange *î*, inschr. *ei̯*, ist natürlich identisch mit dem in *dolorî fructuî reî*, es ist eine Schwächung der indo-

---

16) Vergleiche zu diesen Nominativen die deutschen Analoga Cap. IV.

Relativpronomen.

germanischen Dativendung *ai*. Lösen wir von dem skr. Dat. S. *kavajê* das Stammsuffix nebst Endung ab, so erhalten wir *ajê*, und so würde im Sanskrit das lateinische *êi* ohne Zweifel heissen. Dem inschriftlichen *eiei* stellt sich für *cui* das inschriftliche *quoiei* zur Seite. Diese Form steht je einmal auf der einen der Scipionengrabschriften (C. I. I No. 34) auf der Lex Repetundarum (No. 198) und auf der Lex Agraria vom Jahre 653 (No. 200) und ist noch fünfmal auf dem letztern Gesetze in dem zusammengesetzten *quoieique* erhalten (s. Corssen I² S. 731, vergl. S. 819). Daneben kommt aber in der Lex Repet. fünfmal, in der Lex Agraria sechszehnmal die auf den Inschriften überhaupt übliche Form *quoi* vor. Da der regelrechte Dativ des *O*-stamms in dem Richtungsadverb *quo* vorliegt, da ferner *quoi* für alle drei Geschlechter gilt, so haben wir das Recht *quoi* mit *quoiei* zu identificiren und beide Formen auf den verstärkten Stamm zurückzuführen. Wenn beide Formen auf ein und derselben Inschrift vorkommen, so hat man *quoiei* eben nur als die von Alters her überkommene Schreibweise zu betrachten. In der Aussprache war *ei*, das die Geltung eines monophthongischen Lautes hatte, gewiss schon mit dem vorausgehenden *i* zu einem Laute verschmolzen. Wenn auch im Sanskrit immer dasselbe *ai* oder *aj* erscheint, mag nun *i* oder *a* seine Basis sein, so macht sich dagegen im Griechischen und Lateinischen ein beiden Sprachen gemeinsamer Trieb der Unterscheidung bemerklich. Der *A*-laut (d. h. der kurze) ist, wo er secundär ist, zu ε und *e*, wo er primär ist, zu *o* geworden: man vergleiche πόλε-ι und *eis*, ἠχοῖ und *quoi*. Der *I*-laut hat nur im Lateinischen verschiedene Behandlung erfahren, indem er im Griechischen überall geschwunden ist. In *eiei*, *ei*, wo das *i* des Stamms ursprünglich ist, hat sich dasselbe von der Endung fern gehalten und sich mit dem vorangetretenen *A*-vokale eng verbunden, während im Dat. *quoi* sich das stammerweiternde *i* der Endung zugesellt hat. Daher kommt es, dass *quoi* bei Plautus¹⁷) und Lucretius stets eine lange Silbe ausmacht — *o* und *i* verschmolzen natürlich zum Diphthongen —, dass dagegen der Dativ *ei* sowohl ein- als auch zweisilbig gebraucht wird. Die spätere Form *cŭi* ist jedenfalls eine Wiederauflösung des Diphthongen, nachdem für *quo* in üblicher Weise *cu* eingetreten, und nachdem das Gefühl für die eigentlich sogar doppelte Länge des *i* längst geschwunden war. Das einsilbige lange *cui* ist das ältere *quoi*.

In ähnlicher Weise ist nun auch *hui-c* zu erklären, nur dass uns eine Form *hoiei* allerdings nicht erhalten ist, wohl aber wenigstens *hoi-ce* auf der Tabula Bantina. Auch *isti*, *illi*, *ipsi* wird schwerlich anders entstanden sein; die weitere Schwächung der hypothetischen Formen *istoi-ei*, *illoi-ei*, *ipsoi-ei* ging vor sich, als nach der Contraction zu *istoi*, *illoi*, *ipsoi* der Ton auf die erste Silbe gekommen war.

Bücheler (a. a. O. S. 59) will *quoi* und *hoi-ce* für Locative erklären, ebenso Meunier (Mémoires de la Société Linguistique de Paris I p. 55), der auch noch *ei* für einen solchen hält. Ersterer wird durch das kurze *i* in *cui* auf diese Annahme geführt, letzterer durch eine sonderbare Theorie, die wir nachher noch mit einem Worte erwähnen werden; ersterer stellt als echte Dative *quoiei* und das vorausgesetzte *hoiei* hin, letzterer die Richtungsadverbien *eo quo huc*. Allein das verhältnissmässig erst spät auftretende *cŭi*, für dessen kurzes *i* wir oben eine Erklärung gegeben haben, kann uns unmöglich hindern, *quoi* und *quoiei* zu identificiren. Gegen Meunier aber ist zu erwähnen, dass es doch ein eigenthümliches Spiel des Zufalls wäre, wenn Locativ und Dativ ihre Rolle so getauscht hätten, dass der eigentliche locale Casus sich als Dativ, der eigentliche Dativ aber sich als rein locales Adverb festgesetzt hätte. Dagegen ist es wohl begreiflich, dass, wenn zwei Dativ-

---

17) Nach Ritschl, Prolegg. zum Trin. p. 171, vergl. jedoch Bücheler, Grundriss der lat. Decl. S. 59.

bildungen [18]) da waren, die eine die Bezeichnung des eigentlichen Dativverhältnisses beibehalten, die andere aber die Rolle eines Adverbs übernehmen konnte. Dazu kommt, dass ja in *hîc* der echte Locativ erhalten ist, und wir haben daher vom Stamme *ho* die Reihe: echter Dat. [19]) *hoi-c*, adverb. Dat. *hûc* (hierhin), Loc. *hîc* (hier, vergl. *domî*). Von *is* und *qui* sind die *hîc* gleichgebildeten Locative durch *ibi* und *ubi* ersetzt; von *iste* und *ille* lauten sie den zu *istî* und *illî* geschwächten Dativen an und für sich gleich, nur dass die Locative allmälig immer seltner ohne ein ihnen angehängtes *ce* auftraten *(istî-c, illî-c)*.

Offenbar gehören dem verstärkten Stamme auch die Genetive *êjus, cûjus, hûjus* an; auch können wir Bücheler nur beistimmen, wenn er (a. a. O. S. 39) sagt: „die Genetive *illius, istius, ipsius, utrius, alius, totius, solius* u. s. w. werden aus *illoius* entstanden sein durch frühe Vereinigung des *i* mit *o* zum Diphthongen und Trübung desselben." In *illî-us, istî-us* ist also das stammauslautende *o* in dem *î* aufgehoben, wie in den Dativen *illî, istî*; und wie diesen Formen gegenüber von den einsilbigen Stämmen *ei, quoi, hoi* die Dativformen *eiei, quoiei, quoi, hoi-ce* mit bewahrtem Stammvocal gebildet wurden, so ist nun auch in *eius* und in den auf Inschriften, bei Plautus, bei Lucretius vorkommenden älteren Formen *quoius, hoius* (Corssen I² S. 706, Bücheler S. 39) der ursprüngliche Stammvocal gewahrt. Als selbstverständlich nimmt man an, dass *quoius, hoius* und *cûjus, hûjus* dieselben Bildungen seien, und doch entsprechen sich die Laute nicht genau. Wer freilich ohne Weiteres *quo-ius, ho-ius* und *cû-jus, hû-jus* abtheilt, *-ius* und *-jus* mit *-îus* in *istîus* identificirt und in allen drei Ausgängen eine sonderbare Genetivendung sieht, für den gibt

---

18) Auch wir halten natürlich *eo quo huc illuc istuc* für Dative, und zwar für die Dative einfacher *O*-stämme; über *eo* s. S. 244.

19) Der Zusatz „echt" bezieht sich natürlich nur auf die Function, der Bildung nach ist *hû-c* ebenso echter Dativ.

es keine Schwierigkeit. Aber mit Hinblick auf den Dat. *quoi-ei* haben wir doch offenbar auch *quoius, hoius* in *quoi-us, hoi-us* abzutheilen: *quoi, hoi* stellt wieder den uns bekannten verstärkten Stamm dar, *us* aber ist eine ältere Gestalt des ursprünglichen Genetivsuffixes *as*, die sich in diesen pronominalen Genetiven festgesetzt hat (s. Bücheler S. 30), wie ja pronominale Bildungen überhaupt nicht selten Alterthümliches bewahrt haben. In diesen Genetiven steht *i* zwischen zwei Vocalen, und zwar vor einem folgenden unähnlichen: da kommt die Doppelnatur des *i* in Betracht, dem Diphthonge der Stammsilbe gehört es als Vocal an, vor dem unähnlichen Vocale der folgenden Endsilbe aber fungirt es als *i* consonans. Dasselbe mag im Dat. *quoi-ei* der Fall gewesen sein, so lange *ei* eine von *î* verschiedene Aussprache hatte; sobald es *i* wurde, flossen die beiden *I*-laute natürlich in einen zusammen. Aber bekanntlich gibt es nicht bloss plautinische Verse wie Bacch. IV 9, 16

Nunc ipsum exurit. égo sum Ulixes, quoíus consilio haéc gerunt,

sondern es gibt auch Verse, in denen dieser Genetiv einsilbig sein muss, z. B. Bacch. IV 9, 93

Persuássumst facere quoius me nunc facti pudet.

In solchen Fällen sollte man *quois* schreiben. Diese Form entstand nämlich, indem an Stelle des *us* die üblichere Genetivendung *is* gesprochen wurde, und nun die beiden *I*-laute, wie im Dat. zu einem zusammenflossen; buchstäblich „herausgedrängt", wie Bücheler (S. 39) sagt, wurde das *u* keineswegs. Eine Bestätigung für den einsilbigen Genetiv *quois* liegt in den Zusammensetzungen *quoimodi, cuicuimodi*, nur dass in letzteren auch noch das auslautende *s* abgestossen ist. In derselben Weise ist der einsilbige Genetiv von *hic* aufzufassen: sowie der Vocal der Endung dem *i* gleich klang *(hoi-is* statt *hoi-us)*, verschmolzen die beiden *I*-laute, und man sollte in solchen Fällen *hois* schreiben. Dasselbe endlich gilt von dem einsilbigen Genetive *eis* (für *eius, ei-is)*, der z. B. in einem der aus Aratus bei Cic. de nat. deor. II § 109 angeführten Verse steht (Bücheler a. a. O.): *atque eius* (besser *eis*) *ipse manet religatus corpore torto.* [20]) Allein für gewöhnlich wurde doch aus *quoi-us hoi-us* mit Beibehaltung der Endung *us* ein *cûjus hûjus.* Es ist bekannt, dass im Lateinischen an Stelle eines älteren *oi* sehr oft ein *û* im Lauf der Zeit getreten ist: *oino, ploirume, comoinem* sind in der spätern Sprache *ûnum, plûrimi, comûnem;* es wird aber schwerlich noch einen Fall geben, wo dies *oi* vor einem folgenden Vocale stand, wie bei *hoius quoius.* Wenn nun bei folgendem Consonanten das ursprüngliche *oi* allerdings ohne Rest in dem langen *û* aufging in der Corssen I² S. 709. 710 angegebenen Weise, so blieb dagegen bei folgendem Vocale noch ein Rest von dem alten Diphthongen übrig, nämlich der consonantische Lauttheil des *i*, und das ist das vor der Endung *us* in *cûj-us hûj-us* stehende *j*. Gerade so ist endlich das *j* in *êj-us* aufzufassen: als das ursprünglich diphthongische *ei* zum monophthongischen *ê* wurde, blieb der *I*-laut doch noch, soweit er consonantisch war, bestehen. Mit diesen Genetiven in nahem Zusammenhange steht das Adjectiv *quoius, a, um*, später *cûius, a, um*, das doch nur vermittels des Suffixes *ia* vom Stamme *quo* gebildet sein kann (s. S. 240), und von diesem aus liegt es nahe die lat. Patronymica auf *êius* zur Vergleichung herbeizuziehen, z. B. *Pompêius, Apulêius.* Diese Wörter sind offenbar Ableitungen von den Stämmen *pompo* (oder *pompa?*), *apulo* und zwar gleichfalls vermittels des Suffixes *ia*. In beiden Fällen hat sich derselbe phonetische Process vollzogen: das *i* des Suffixes

---

20) Ich bin überzeugt, dass sämmtliche Genetive der lat. O-declination auf *î* so zu erklären sind: *hortî* ist entstanden aus *hortoi-us* (vergl. *quoius*), dies wurde *hortoi-is*, und dies *hortois* (wie *quois hois*). Die Schwächung des *oi* zu *i* vollzog sich aus denselben Gründen, wie in den Dativen *illoi istoi; s* fiel ab. Schleicher (Compend.² S. 558) erklärt die Genetive der 2. Declination ebenso, nur dass er die Genetive *quoius, hoius* noch nicht zur Unterstützung seiner Erklärung herbeigezogen hat.

bildete einerseits mit dem vorausgehenden *o* oder *a* einen diphthongischen Laut, der bei *quoius* schliesslich zu *û*, bei den patronymischen Bildungen zu *ê* wurde, andererseits blieb es *i consonans* vor dem folgenden Vocale. Diese Auffassung wird nicht wenig durch die oscischen Formen *Púmpaiians* (= *Pompêjanus*) und *Púmpaiianaí* (= *Pompêjanae*) unterstützt.[21]) Etymologisch ist nur ein *i* berechtigt, aber dies erhielt eben zwischen Vocalen einen „weicheren breiteren an *ij* anklingenden Laut" (Corssen Vocalism. I² S. 18, vergl. Curtius, Stud. II. S. 186 ff.). Hierauf beruht auch die seit Ciceros und Cäsars Zeit (Corssen a. a. O.) auftretende doppelte Schreibung des *i* zwischen Vocalen, z. B. in *Pompêiius, Tarpêiius*: der Einfluss des *i* auf den vorhergehenden Vocal dauerte noch fort, auch nachdem durch denselben aus letzterem in einer frühern Periode das lange *ê* geworden war. Dass diese von mir zur Erklärung der Genetive *êius, cûius, hûius* herbeigezogene Theorie von der Doppelnatur eines intervocalischen *i* sich auf die Autorität der lat. Grammatiker stützt, bedarf nach Corssens ausführlicher Behandlung (Vocalism. I² S. 301 ff.) keiner weitern Erwähnung. Analogien aus andern Sprachen bringt Curtius a. a. O.

Auf ganz andern Principien beruht die Erklärung der eben behandelten Formen, welche Corssen an verschiedenen Stellen seiner Bücher gegeben hat (Krit. Beitr. S. 541 ff., Krit. Nachtr. S. 89 ff., Ueber Aussprache u. s. w. d. lat. Spr. I² S. 307. 388. 706. 758. 784. 785). Corssen hält das *i* der Pronomina *hic* und *qui*, wo es als Zusatz zu den Stämmen *ho* und *quo* erscheint, nach Pott's Vorgange (Et. Forsch.¹ II S. 162) für den Loc. S. des Pronominalstammes

---

21) Corssen I² 304 betrachet *ii* allerdings als blosses Lautzeichen des *j*, aber eben des volleren *j*, das er S. 18 mit *ij* interpretirt. In der Anmerkung S. 304 widerruft er nur, dass jenes *ii* auch etymologisch ein doppeltes sei. Ich bemerke dies in Bezug auf die Anm. von Curtius, Stud. II S. 186.

Relativpronomen. 39

i; er nimmt also an, dass es lang gewesen sei. Diese Annahmen stützen sich auf die griechischen Formen ούτοσ-ί ούτωσί τουτονί, besonders aber auf die umbrischen Formen Nom. S. *poi* (lat. *qui*), Nom. Pl. M. *pur-i* (lat. *qui*), Acc. Pl. F. *paf-e* (lat. *quas*), Nom. S. M. *pis-i* (lat. *quicumque*), Nom. S. N. *pir-i* (lat. *quodcumque*) (l. A. K. Umbr. Sprachd. I S. 137), dazu noch auf lat. *istîus illîus* u. s. w. Die ursprünglichen Formen der Genetive und Dative waren daher dreisilbig *quo-î-ei*, *ho-î-ei*, *quo-î-us*, *ho-î-us*; *quoîus* soll sogar im 3. Verse der Grabschrift des L. Cornelius Scipio Barbatus erhalten sein: *Quo-í-us fórma vírtutei parísuma fúit*. Damit aber *ejus* nicht aus dem Zusammenhang mit *cujus* und *hujus* gerissen werde, wird *i-î-us*, gleichfalls mit Zusatz des Locativs *î*, als Grundform angenommen; aus *i-î-us* wurde „durch Dissimilation" *e-î-us*; dann aber wird diese Form, ebenso *quo-î-us* und *ho-î-us*, durch Vocalverschleifung zweisilbig (Ueber Ausspr. u. s. w. I² S. 307), die übrigen Schicksale der Formen werden ungefähr ebenso, wie wir es thaten erklärt. — Dieser Erklärung stehen aber doch die gewichtigsten Bedenken gegenüber. Erstens ist es eine unbewiesene Annahme, dass das zugesetzte *i* lang sei. Denn in *illius istius* ist doch in dem *î* jedenfalls der Stammvocal mit aufgehoben, und die Messung *quo-î-us* in jenem Saturnier ist keineswegs nothwendig. Zweitens ist der Vorwurf „des Wörterzerhackens" Formen wie *quo-î-us* gegenüber wahrlich keine blosse „Phrase" (Krit. Nachtr. S. 93). Denn der Stamm *quo*, der fertige Locativ *î* und die Casusendung sollen ganz unverbunden neben einander bestehen. Wo wäre dazu eine Analogie im Lateinischen, dass ein *î* zu irgend einer Zeit mitten zwischen zwei Vocalen selbst ein reiner Vocal geblieben wäre? Drittens ist die Analogie der griechischen und umbrischen Formen doch nur eine scheinbare. Denn in diesen ist das *î* hinten an die fertigen regelrecht gebildeten Flexionsformen getreten, wo aber käme es vor, dass ein solches locativisches Element unmittelbar an einen Stamm getreten wäre? Natürlich müsste auch das *i* im Adjectivum *quoius quoia quoium* so erklärt werden, und dann auch das des griechischen ποῖος ποία ποῖον. Diese beiden adjectivischen Pronomina gehören sicherlich zusammen, sie sind possessive Adjectiva zum Pronominalstamm *ka* und bedeuten ursprünglich „wem angehörig", wie *patrius* πάτριος „dem Vater angehörig." Das Lateinische hat diese ursprüngliche Bedeutung gewahrt, im Griechischen hat sich erst daraus die Bedeutung „wie beschaffen" entwickelt.

Wunderbar ist die Hypothese Meunier's (Mémoires de la Société Linguistique de Paris I p. 14 ff.), dass *ejus hujus cujus* aus Zusammenrückung zweier Genetive entstanden sei: voran ständen die gewöhnlichen Genetive der Stämme *eo ho quo*, nämlich *ei hoi quoi (cui)*, diesen habe sich *ius*, der Genetiv des Stammes *i*, angeschlossen (p. 51). So kommt auch Meunier auf Corssens Grundformen *e-î-us ho-î-us quo-î-us*. Nach demselben Principe werden die inschriftlichen Dative *eiei quoiei* behandelt. Sie sind nach Meunier doppelte Locative, nämlich *ei + ei* (wie *em-em*) und *quoi + ei* (p. 52). Zu diesen Resultaten ist Meunier durch rein logische Construction gekommen. Analogien sind unmöglich beizubringen, und ein factischer Beweis, dass jene Formen so entstanden, kann erst recht nicht geführt werden. Denn als solcher darf doch wahrlich nicht gelten wenn dem Verse Pl. Pers. 83

Set eccúm parasitum quoĩus mihi auxilióst opus

auf Grund eines den beiden Handschriften *C* und *D* gemeinsamen Fehlers ein *quoi mi ius* aufgedrängt wird! *C* und *D* haben *quo mihi ius*.

Auf Zurückweisung von Meunier's Ansicht im Einzelnen lassen wir uns hier um so weniger ein, als Corssen eine Prüfung derselben nächstens veröffentlichen wird (s. Ueber Ausspr. u. s. w. I² S. 706).

Wir haben bis jetzt unter den Formen des Pronomens *is ea id* zwei Arten erkannt, Flexionsformen eines Stammes *i* und Flexionsformen eines Stammes *ai*. Erstere waren Nom.

S. M. *is*, N. *id*, Acc. S. M. *im* oder *em*, Nom. Pl. M. *eis*, Dat. Abl. Pl. *ibus*[22]; letztere waren Nom. S. M. *eis* (vergl. *î-dem*), Dat. S. *eî*, Gen. S. *ejus*. Allein der bei Weitem grösste Theil der am meisten gebrauchten Formen ordnet sich keinem der genannten Stämme unter: die masculinen Formen *eum eô eî eorum eîs eos eîs*, die femininen *ea eam eâ eae earum eas*, der neutrale Plural *ea* setzen einen *O*- oder einen *A*-stamm voraus. Es fragt sich nur, welcher von jenen beiden Stämmen als Basis des *O*- und *A*-stammes anzusehen ist, ob *i* oder *ai*, mit andern Worten ob wir in *eum eô* u. s. w. die Stämme *i-o* und *i-a* oder die Stämme *ai-o* und *ai-a* zu erblicken haben. Die fraglichen Formen zerfallen unstreitig in zwei Gruppen: die, welche die erste bilden, wechseln im Anlaut zwischen *i* und *e*, Nom. Dat. Abl. Pl. M.; die übrigen Formen haben stets, auch in den ältesten Denkmälern ein anlautendes *e*. Für den Abl. Pl. findet sich aber neben inschriftlichem *eeis* und *ieis* zweimal auf der Epistula Praetoris ad Tiburtes aus der Mitte des 7. Jahrh. a. U. (C. I. I No. 201) (einmal scheint die Lesung unsicher zu sein, s. Bücheler S. 68) eine volle Form *eieis* (vergl. Corssen I[2] S. 760; Krit. Beitr. S. 529). Diese geht ohne Frage auf den vollen Stamm *aia* zurück, mögen nun Lachmann (ad Lucr. p. 262) und Bücheler (S. 68) mit Recht oder mit Unrecht auch an einigen Plautusstellen spondeische Messung herstellen. Natürlich dürfen wir neben dem Abl. *eieis* auch das frühere Vorhandensein eines gleichlautenden Dativs voraussetzen. Ob nun das

---

22) Die Form *ibus* ist nur mit kurzem *i* nachweisbar, z. B. Capt. Arg. 5, Lucr. II 88. Ebenso kommt auch *quibus* nur mit kurzem *i* vor. Dagegen kann man von *hîc* kein *hîbus* erwarten, da dieses Pronomen überhaupt keine von einem einfachen *I*-stamme gebildeten Formen (wie *is*, *id*, *im*, *quis*, *quid*, *quem*) aufzuweisen hat. So ist denn das *hîbus* mit langem *i* Mil. Gl. I 1, 74, Curc. IV 2, 20 vollständig in der Ordnung; es geht diese Form auf den Stamm *ho-i* zurück und sie ist gebildet wie im Sanskrit *tébhjas*, *jébhjas* von den Stämmen *ta-i* und *ja-i*. Vergl. Corssen I[2] S. 758.

inschriftliche *ieis* und *eeis*, das iambische *ĕis* und einsilbige *eis îs* der Litteratur aus jenen *eieis* durch Kürzung entstanden seien, oder ob es für Dat. und Abl. Pl. auch Formen gab mit von Haus kurzem Anlaut, diese Frage kann nicht mit Sicherheit beantwortet werden. Vielleicht spricht der bis in die späte Zeit fortdauernde Wechsel zwischen anlautendem *i* und *e* für die erstere Annahme. In gewissem Sinne dürfen wir als Parallele den vedischen Genetiv *kajasja* in *kajasja-k̃it* (= *kasjak̃it* „eines jeden", s. P. W. unter *kaja*) betrachten, vereinzelt gebildet von einem Thema *kaja*, wie lat. *eieis* von einem Thema *aia*, nur dass dieses Thema von einem *I*-stamme, jenes von einem *A*-stamme als Basis ausgegangen ist. Corssen (Krit. Beitr. S. 530) hält auch im Nom. Pl. *ieis, eeis* (vergl. Ueber Ausspr. I² S. 752) das anlautende *i* und *e* für lang, wie im Dat. Pl. *ieis, eeis*. Diese Formen sind auch ihrer letzten Silbe nach schwer zu erklären. Das einfache *eis îs* ist jedenfalls, analog dem Nom. Pl. der *I*-stämme überhaupt, aus *ies* entstanden (Corssen I² S. 748), und ich sehe nicht ein, warum *eis* erst eine Zusammenziehung von *eeis ieis* sein soll (Bücheler S. 20); das inschriftliche *iei* (Corssen I² S. 749. 750), sowie die gewöhnlichen Formen *ei î* (Ritschl Proll. ad Trin. p. XCVIII) sind regelrechte Nominative von einem *O*-stamme, sei es von *i-o* oder von *ai-o*: aber *ieis eeis* tritt nur in Parallele zu den ebenso räthselhaften Formen *Rufieis, magistreis* u. s. w., die Corssen a. a. O. S. 752 aufführt und S. 756 für plurale Nominative von in die *I*-declination übergegangenen *O*-stämmen erklärt. Diese Erklärung ist sehr wohl möglich, und lässt sich durch Analogien unterstützen. Aber andrerseits ist es doch wunderbar, dass dieser Uebergang gerade nur im Nom. Plur. stattgefunden hätte, in keinem andern Casus; die Analogien, welche Corssen beibringt, zeigen den Uebergang in der ganzen Declination, so z. B. wenn altes *hilarus, sterilus* in der augusteischen Zeit als *hilaris, sterilis* erscheint. Ferner sind alle jene pluralen Nominative auf *eis* der alten Zeit ange-

Relativpronomen. 43

hörig und sind in der spätern Zeit verschwunden, man darf sie also als besonders alterthümliche Bildungen ansehen. Ich gestehe daher, dass ich trotzdem, dass Corssen nichts davon wissen will, doch mit Schleicher das räthselhafte -*eis* auf -*aias* zurückführe, mithin vermuthe, dass die *O*-stämme auch der nominalen Declination in früher Zeit, wie die *A*-stämme im Sanskrit, eine Neigung gehabt haben sich zu *Oi*-stämmen zu erweitern. Nach den Erörterungen von S. 226 ff. kann diese Annahme nicht mehr als zu kühn erscheinen. Allerdings muss man dann für *ieis*, *eeis* ein urspr. *iai-es* ansetzen [23]), diese Bildung hat aber wenigstens im Sanskrit im Gen. Loc. Du. *jaj-ôs* eine Analogie; dass *ôs* die Endung ist, beweisen *marut-ôs*, *g'agat-ôs*, *vâk'-ôs* von den consonantischen Stämmen *marut*, *g'agat*, *vâk'*.

Leichter ist es über *ea eum eam*, *eô eâ*, *eae ea*, *eorum earum*, *eabus*, *eos eas ea* zu entscheiden. Für keine dieser Formen findet sich eine Spur langen Anlauts. Vor allem aber sprechen für die Ursprünglichkeit der Kürze die oscischen Formen Nom. S. F. $\overset{e}{\iota}u$-k (=*ea*), Acc. S. M. *ion-c* (=*eum*); die Identität ist um so auffallender, als in diesen oscischen Formen das *i* wenigstens eine Hinneigung zum *e* verräth. Der lateinische Stamm *eo ea* ist ferner identisch mit dem gothischen Stamme *ija* (S. 27). Dem goth. Acc. F. S. *ija*, dem osc. Acc. S. M. *ion-c*, dem lat. Acc. S. M. *eum* liegt also nicht der Stamm *i* sondern der zusammengesetzte oder erweiterte Stamm *ia* zu Grunde. Schon oben, S. 221 und 222, fanden wir Analogien zu dieser Erscheinung, es sei aber gestattet noch auf das griechische τίς und τις aufmerksam zu machen. Diese Nominative gehen offenbar

---

[23]) Nur so findet der auf Inschriften und bei Plautus oft vorkommende Nom. Pl. *heis heis-ce hîs-ce* seine Erklärung. Dass für dies Pronomen in keinem Casus der einfache *I*-stamm nachweisbar ist, bemerkten wir schon. Wie aber *hî-bus* auf *hei-bus* (d. i. *hoi-bus*) zurückgeht, so geht *heis* auf *hei-es* (d. i. *hoi-es*) zurück, *hîbus: heis* = skr. *jêbhjas: jajôs*. Beachtenswerth ist auch der Nom. Pl. *kaya* im Zend, s. Justi Handbuch S. 76.

auf den Stam *τι* zurück (skr. *ki*, lat. *qui*, germ. *hi*), aber den in den ionischen Dialecten oft vorkommenden Formen Dat. S. *τέῳ*, Gen. Pl. *τέων*, Dat. Pl. *τέοισι*, besonders aber dem äolischen *τίοισι* liegt ebenso sicher der Stamm *τι+α* zu Grunde[24]). Ebenso verhalten sich unter einander im Angelsächsischen Nom. S. N. *hit* und F. *heó*, Dat. S. M. *him* und *heom*, im Altfriesischen Dat. Pl. M. *him* und *hiam* u. s. w. Die Stämme *hi* und *hi+a* wechseln ab.

Vielleicht könnte gegen die Resultate unserer Untersuchung über *is ea id* die verhältnissmässig grosse Anzahl von Stämmen einnehmen, die sich zu einer Declination vereinigt haben sollen: *i ai ia aia*, vielleicht auch *iai*. Indessen es lässt sich auch hierfür ein Grund finden. Wenn wir nämlich den noch nicht erwähnten Gen. S. Fem. *eae* (Charis. p. 162, 10 K.) und den gleichlautenden Dat. S. F. *eae* (Cat. RR. 64, 1; Charis. p. 162, 11 K.) herbeiziehen, ferner eine dem oscischen Acc. S. N. *ioc* entsprechende Form auch im Lateinischen voraussetzen dürfen, wenn wir endlich berechtigt sind im Adverb *eô* den aus der Reihe der lebendigen Casus verschwundenen Dat. S. M. oder N. des Stammes *eo*, im Gen. Pl. *eum* (Fest.) dagegen eine Form des einfachen Stammes *i* zu erblicken und den Nom. Acc. Pl. *ea* sowohl dem Stamme *eo* als auch dem Stamme *i* zuzutheilen: so lässt sich aus der Fülle der gemeinhin zum Nom. *is ea id* gerechneten Formen mit Leichtigkeit die fast vollständige Declination zweier Pronomina, der Stämme *i* und *eo* (d. i. *ia*), gewinnen, welche ursprünglich selbständig neben einander bestanden.

---

24) Wenn die gewöhnlichen Casusformen *τίνος τινὸς τίνι τινὶ* u. s. w. auf einen Stamm *τιν* zurückgehen, so beruht auch dies auf einer weitverbreiteten Eigenthümlichkeit der vocalischen Stämme. Man denke an *kavinâ bhânunâ*, ferner an *çivânâm* im Sanskrit von den Nominativen *kavi-s*, *bhanu-s*, *çiva-s*, vergl. Schleicher, Ztschr. IV S. 54 und Curtius, Ztschr. IV S. 211. Auf solcher Stammweiterbildung beruht die sog. schwache Declination im Germanischen, wie meines Wissens zuerst Holtzmann vermuthete, Germ. VIII S. 267.

Relativpronomen. 45

Stamm *IA*.

	Sing.			Plur.		
	Masc.	Fem.	Neutr.	Masc.	Fem.	Neutr.
Nom.	—	*ea*	[osc. *ioc*]	*ei**	*eae*	*ea*
Gen.	—	*eae*	—	*eorum*	*earum*	*eorum*
Dat.	*eo*	*eae*	*eo*	*eis**	*eis**	*eis**
					eabus	
Acc.	*eum*	*eam*	[osc. *ioc*]	*eos*	*eas*	*ea*
Abl.	*eo*	*ea*	*eo*	*eis**	*eis**	*eis**

Stamm *I*.

Nom.	*is*, *eis*	*id*	*eis*	*ea*
Gen.	*eius*		*eum*	
Dat.	*ei*		*ibus*	
Acc.	*im*, *em*	*id*	—	*ea*
Abl.	—		*ibus*	

Die mit Sternchen bezeichneten Formen *ei* und *eis* können, wie wir sahen, auf einen Stamm *aia* zurückgehen, von welchem ja ohne Zweifel das inschriftliche *eieis* herzuleiten ist. Dieser Stamm *aia* verhält sich zu *ia*, wie in dem zweiten Paradigma der Stamm *ai* zu *i*: wenn *ia* eine Weiterbildung von *i* ist, so ist *aia* eine Weiterbildung von *ai*. Der Bedeutung nach können die Stämme *i* und *eo* nicht sonderlich verschieden gewesen sein, wie hätten sich auch sonst ihre Formen so zu einander gesellen können? Wohl aber ist, wie wir seiner Zeit noch näher begründen werden, das vorgetretene *a* nicht ohne Einfluss auf die Function des Pronomens geblieben. Die Vereinigung der beiden Pronomina mag, wie auch das Gothische zeigen dürfte, vom Fem. ausgegangen sein. Da der *I*-stamm nur zwischen persönlichem und sächlichem Geschlecht unterscheidet, so pflegte man das Fem. *ea* auch als zu *is* und *id* gehörig zu betrachten, und weil es ein eigenes Fem. vom *I*-stamme nicht gab, darum sind auch die Formen des Fem. *ea* vollständig erhalten, und ohne fremde Eindringlinge.

Jetzt kommen wir auf unser Hauptproblem zurück.

Von Bopp einerseits und von Corssen andrerseits werden zwei einander völlig entgegengesetzte Ansichten vertreten. Beide gehen von den der zweiten Declination angehörigen Formen aus; während aber Bopp für wahrscheinlich hält, „dass ihr Stamm *iŏ*, *eŏ* nicht erst auf römischem Boden aus dem Stamme *i* durch einen unorganischen Zusatz entsprungen sei, sondern dass derselbe auf den sanskritischen Relativstamm *ya* sich stütze" (Vergl. Gr. II[2] S. 163), will Corssen einen Zusammenhang dieser Stämme nicht zugeben, weil dann „anlautendes *j* nicht blos zu *i* erweicht, sondern auch zu *ei*, *ē*, *ī* verlängert" wäre (Krit. Beitr. S. 530). Dass der Stamm *io*, *eo* nicht erst auf römischem Boden aus *i* entstanden sei, dafür bürgt das Gothische, wo sich ja, wie im Lateinischen, die Stämme *i* und *ia* zu einem Declinationsschema vereinigt haben. Die rein vocalische Natur des *i* im Stamme *ia*, die uns in beiden genannten Sprachen entgegentritt, bürgt ferner dafür, dass dieser Stamm von dem einfachen *i* abzuleiten ist; und nur eine Bestätigung dieser Schlussfolgerung ist, wenn der Stamm *aia* die Declination des Stammes *ia* unterbricht (Abl. Pl. *eieis*) oder wenigstens Parallelformen zu ihr liefert.

Die völlige Gleichheit der Bedeutung macht es wahrscheinlich, dass der litauische und slawische Stamm *ja*, vertreten in lit. *jis ji* und slaw. *i ja je*, mit dem lateinischen und gothischen Stamme *ia* identisch sei. Man könnte gegen diese Identificirung geltend machen, dass ersterer Stamm lediglich consonantisches *i* zum Anlaut habe. Indessen dürfte sich wenigstens im Litauischen in der Declination des sog. bestimmten Adjectivs, die bekanntlich durch Anhängung des Pronomens der 3. Person an das declinirte Adjectiv entstanden ist, der Ursprung des Stamms *ja* in einigen Formen verrathen, nämlich im Acc. Pl. M. *gerús-ius*, Gen. S. F. *gerós-ios*, Nom. Pl. F. *gerós-ios*, Loc. Pl. F. *gerós-iose*, Dat. Pl. F. *geróms-ioms*, Instr. Pl. F. *geróms-iomis*, (Schleicher Lit. Gr. S. 208, 209). In diesen Zusammensetzungen ist also gegenüber den alleinstehenden Formen *jŭs, jós, jǫ́s, josè, jǫ́ms, jomìs* der vocalische Anlaut erhalten. Denselben vocalischen Anlaut hat das Litauische stets — im Verein mit dem Griechischen und Lateinischen — an dem Nominalsuffixe *ia*, das seinem Ursprunge nach mit dem Pronominalstamme *ia* identisch ist (s. Schleicher, Lit. Gr. S. 182 ff.), und hier hat das Gothische umgekehrt consonantischen Anlaut; man vergleiche: Dat. S. lit. *dàlg-iui* mit goth. *har-ja*, Acc. Pl. lit. *dalg-iùs* mit goth. *har-jans*, Dat. Pl. lit. *dalg-iams* mit goth. *harjam*. Man kann sich daher wundern, dass das Gothische im selbständigen Pronomen den vocalischen Anlaut in so auffallender Weise gewahrt hat, und zwar um so mehr, als die offenbar demselben Stamme angehörigen Partikeln *ju, jau, jai, jah, jabai* entschieden consonantisch anlauten. Im Pronomen erhielt aber das Gothische und das Lateinische den vocalischen Anlaut wahrscheinlich deshalb so treu, weil in beiden Sprachen auch der einfache Stamm *i* in Gebrauch war: man behielt also gewissermassen den etymologischen Zusammenhang beider Stämme im Gedächtniss. Dem goth. *ju* entspricht übrigens jedenfalls dem Stamme und der Bedeutung nach das lat. *jam* [25]); *ju* verhält sich zu *ija*, wie *jam* zu *eam* (abgesehen von den Casusendungen), nur dass *jam* bekanntlich noch bei Plautus, besonders in der Verbindung *nunciam* (vergl. *etiam*), sehr oft zweisilbig ist, z. B. gleich im 3. Verse des Prologs zum Trinummus: *Adést: em illaec sunt aédes: i intro núnciam.*

Dasselbe Schwanken im Anlaut scheint auch die althochdeutsche Partikel *iu* zu haben, wenigstens überliefern sie die Handschriften des Otfrid an einigen Stellen mit

---

[25] Wir stimmen also mit Corssen (Krit. Beitr. S. 503), der dies Adv. zur Wurzel *div* zieht, nicht überein. Die Einwände, welche er gegen Ableitung vom Pronominalstamme *ia* geltend macht, sind sämmtlich nicht stichhaltig, und hoffentlich in diesen Untersuchungen widerlegt. Dass dem gothischen Pronomen *jains* die Beziehung in die Ferne nicht von dem anlautenden Pronominalstamme *i* oder *ia* kommt, soll im nächsten Capitel gezeigt werden.

einem Accente über dem i, der die vocalische Natur des letztern andeutet (s. Kelle, Otfr. Ev. Einl. S. 157). Ihre Identität mit dem gothischen ju ist beispielsweise in der Uebersetzung von Matth. V. 28 ersichtlich: ἤδη ἐμοίχησεν αὐτὴν ἐν τῇ καρδίᾳ αὐτοῦ, Wulf. *ju gahorinoda izai in hairtin sainamma*, Otfr. II 19, 5 *er húorot sia giuuáro in herzen íu sar suáro*. Vergl. Otfr. IV 7, 50 *(íu)*, V 15, 24 *(iú)*.[26] Aber wir wagen noch mehr, wir wollen auch das sanskritische *ja* mit dem gothischen, italischen, litauischen, slawischen *ia* und *ja* identificiren. Das heisst zunächst für uns weiter nichts, als dass auch das sanskritische *ja* eine Ableitung von der Pronominalwurzel *i* ist. Allerdings verräth das selbständige *jas jâ jad* nie eine Spur vocalischen Anlauts, aber meines Wissens hat noch Niemand Anstoss genommen, dasselbe *jas jâ jad* in dem Pronomen *sjas sjâ tjad* anzuerkennen. Dieses Pronomen hat aber bereits Benfey in der Einleitung zum Sâma-vêda S. LVI an vier Stellen (Rgv. I 52, 1. VI 44, 4. VIII 81, 7. X 178, 1) als zweisilbig nachgewiesen *(tiam*, Benfey *tijam)*, es kommt aber noch weit öfter mit vocalischem *i* vor, z. B. V 32, 3. 4. 5. 6. 8, VI 27, 4, VII 75, 3. 4, VIII 10, 3, VIII 53, 5, X 75, 6. Dazu stimmen nun vortrefflich die germanischen Formen mit ihrem sicherlich vocalischen *i*: ahd. *siu, sia, diu, diê*, alts. *thiu, thia* u. s. w. Nehmen wir hinzu, dass sich das Suffix *ja* im Veda „vorwaltend statt der Liquida mit Vocal" (Benfey a. a. O. S. LIV) zeigt, so ist es auch von speciell sanskritischem Standpunkte aus höchst wahrscheinlich, dass der Stamm von *jas jâ jad* ursprünglich *ia* war, d. h. dass er eine Ableitung von der Pronominalwurzel *i* ist. In Folge dessen können wir nun die oben (S. 246) erwähnten entgegengesetzten Ansichten von Bopp und von Corssen vereinigen: wir betrachten mit Corssen die italischen Stämme

---

[26] Prof. Zarncke macht mich darauf aufmerksam, dass in den Accenten besonders genaue Cod. Palatinus nur IV 7, 50 den Accent über dem *i* hat.

Relativpronomen. 49

ιο, ἰα als Weiterbildungen von *ἰ* und stellen sie doch mit Bopp zum sanskritischen Stamme *ja*, ohne von ersterem fernerhin den Einwand fürchten zu müssen, dass dann „anlautendes *j* nicht blos zu *i* erweicht, sondern auch zu *ei, ē, ī* verlängert" wäre (Krit. Beitr. S. 530). Was das Griechische anlangt, so muss dasselbe vom Sanskrit ins Schlepptau genommen werden, denn das griechische ὅς ἥ ὅ für sich allein könnte mit seinem Spiritus asper eher auf Ursprünglichkeit des consonantischen Anlauts hinweisen, und das bei Hesychius überlieferte kyprische ἴν für αὐτήν, αὐτόν steht doch nicht in so offenbarer Beziehung zu ὅν, wie im Lateinischen *im* oder *em* zu *eum*, wenn es auch beweist, dass auch im Griechischen ursprünglich ein einfacher Stamm *i* lebendig gewesen ist. Der Spiritus asper von ὅς ἥ ὅ lässt zunächst entschieden consonantisches *j* voraussetzen. Eine interessante Parallele hierzu bietet auf pronominalem Gebiete der Plural des Pronomens der 2. Person. Dass die erste Silbe ὑ in ὑμεῖς ὑμῶν mit dem *ju* in sanskr. *júyam, jushmat*, goth. und lit. *jus* identisch ist, unterliegt keinem Zweifel. Aber auch dieser Stamm ist kein primitiver, sondern, wie namentlich die in andern germanischen Sprachen vorhandenen Formen mit vocalischem Anlaute (ahd. *íu*, alts. Dat. Acc. *íu*, ags. Dat. *eóv*, Acc. *eóvic*, Gen. *eóver* u. s. w., Heyne Laut- u. Flexionsl. S. 321) beweisen, eine Zusammensetzung der Pronominalstämme *i* und *u*[27]). Wie also in ὑμεῖς der Spiritus asper an Stelle eines aus *i* entstandenen *j* steht, so ist dies auch in ὅς ἥ ὅ der Fall.

---

27) G. Schulze in seiner Dissertation „Ueber das Verhältniss des *z* zu den entsprechenden Lauten der verwandten Sprachen" (Göttingen 1867) spricht sich S. 32ff. ausführlich in derselben Weise aus. Beachtenswerth ist sein Versuch auch das goth. *izvara, izvis* und das altn. *yđar yđr* (sehr häufig *yđvar*) mit den andern germanischen Formen zusammenzubringen. Er erinnert an die oben von uns besprochene Eigenthümlichkeit wurzelhaftes *i* vor einem Vocale zu *ij* zu spalten: so sei im Goth. statt *iu* ein *iju* vorauszusetzen; *ijv-ara, ijv-is* sei zu *izvara* und *izvis* geworden.

Fassen wir schliesslich die Hauptresultate dieses Capitels, so weit sie in den Gang unserer weitern Untersuchung eingreifen, nochmals zusammen, so dürfte sich ergeben haben:

1) Dass der Pronominalstamm *ja*, wo und in welcher Bedeutung er auftritt, als eine Weiterbildung der Pronominalwurzel *i* aufzufassen ist;

2) dass der Pronominalstamm *ja* oder *ia* ausser im Litauischen und Slawischen noch im Italischen und Gothischen in nicht relativer Function vorkommt, und zwar in allen diesen Sprachen als einfaches Pronomen der 3. Person;

3) dass der Pronominalstamm *i*, wo er wie im Italischen und Gothischen selbstständig erscheint, gleichfalls die Function eines Pronomens der 3. Person hat.

Wir sehen also, dass das relative *ja* und das *ja* des Pronomens der 3. Person ausser dem völligen lautlichen Gleichklang auch noch etymologisch den Ursprung vom Pronominalstamme *i* gemeinsam haben. Eine weitere Annäherung jener beiden Stämme liegt darin, dass das homerische ὅς ἥ ὅ in Verbindung mit gewissen Partikeln demonstrativ vorkommt, und dass andererseits das slawische *i ja je* in Verbindung mit der Partikel *že* als Relativpronomen verwendet wird. Das nahe Verhältniss aber, in welchem jene Stämme zu einander stehen, wird uns erst recht klar werden, wenn wir untersucht und erkannt haben, worin das eigentliche Wesen eines Pronomens der 3. Person bestehe, und in welchen Punkten sich ein solches von einem Demonstrativpronomen unterscheide. Denn wir nehmen nicht ohne Weiteres an, dass der satzverbindenden relativen Function eines Stammes unmittelbar eine demonstrative Function vorausgegangen sei.

CAP. III.

Das anaphorische Pronomen und sein Unterschied vom Demonstrativpronomen.

Je mehr man die Syntax in das allgemeine Sprachstudium hineinzieht, desto mehr erkennt man auch, mit wie grossem Rechte auch vom Standpunkte der allgemeinen Sprachwissenschaft aus Griechisch und Lateinisch die classischen Sprachen genannt zu werden verdienen. Griechisch vor Allem steht an erster Stelle, und keine der indogermanischen Sprachen, auch das Lateinische nicht, übertrifft oder erreicht es auch nur an feiner geistiger Durchbildung. Natürlich ist hier nicht der Ort, dies Urtheil, mit dem unser Gefühl sich schnell einverstanden erklärt, durch Anführung von Thatsachen verstandesmässig zu begründen. Im Allgemeinen aber kann man sagen, dass das Griechische verhältnissmässig am meisten die manigfaltigen Formen und Nüancirungen der Anschauungen und Urtheile durch besonderen sprachlichen Ausdruck bezeichnet und auseinanderhält, und zwar thut es dies wiederum verhältnissmässig am meisten vermittels uralten Sprachgutes. Gar sehr bedürfen diese Gedanken der näheren Ausführung, hier aber sollen sie mir nur zur Entschuldigung gereichen, wenn ich die folgende Untersuchung auf griechisches Gebiet hinüberspiele und, um bestimmte Arten der Pronomina zn charakterisiren, die griechischen Vertreter derselben benutze.

Demgemäss soll es uns jetzt weniger interessiren, dass das gothische *is si ita* unserem jetzigen *er sie es* entspricht, sondern dass es dem griechischen Bibeltexte gegenüber der regelmässige Vertreter des griechischen αὐτός ist. Beispiele dazu finden sich auf jeder Seite: Marc. I 8 *ith is daupeith izvis in ahmin veihamma*, αὐτὸς δὲ βαπτίσει ὑμᾶς ἐν πνεύματι ἁγίῳ; Marc. 1 7 *antbindan skaudareip skôhê is, lûsai* τὸν ἱμάντα τῶν ὑποδημάτων αὐτοῦ; Marc. I 5 *jah usiddjêdun du imma, καὶ ἐξεπορεύοντο πρὸς αὐτόν;* Marc. II 5 *gasaihvands than Jesus galaubein izê, ἰδὼν δὲ ὁ Ἰησοῦς τὴν πίστιν αὐτῶν;* Marc. II 8 *qath du im, εἶπεν αὐτοῖς.* Da an Stelle des Nominativs αὐτός, αὐτοί, der für gewöhnlich die Bedeutung „selbst" hat, ὁ und οἱ in Verbindung mit einer Partikel (gew. δέ) gebraucht wird, so steht *is* und *eis* nicht selten auch für ὁ δέ und οἱ δέ, z. B. Marc. III 4 *ith eis thahaidêdun,* οἱ δὲ ἐσιώπων. — In ähnlicher Weise ist in der altslawischen Bibelübersetzung das Pronomen *i ja je* Uebersetzung des griechischen αὐτός αὐτή αὐτό, nur dass im Nom. aller drei Numeri das Pronomen *onŭ* eingetreten ist. Als altslawische Beispiele seien die oben erwähnten Bibelstellen nochmals citirt: Marc. I 7 *razdrěšiti remene sapogŭ jego,* λῦσαι τὸν ἱμάντα τῶν ὑποδημάτων αὐτοῦ: Marc. I 5 *ischoždaaše že kŭ njemŭ, καὶ ἐξεπορεύοντο πρὸς αὐτόν;* Marc. II 5 *viděvŭ že .. věrą ichŭ, ἰδὼν δὲ…τὴν πίστιν αὐτῶν;* Marc. II 8 *rěce imŭ, εἶπεν αὐτοῖς.* (Vergl. Miklosich, Vergl. Gramm. der slaw. Spr. IV S. 82.)

Die Function des griechischen αὐτός ist aber bereits von den griechischen Grammatikern in tieferer Weise aufgefasst worden, als man heutzutage zu thun pflegt. *Πᾶσα ἀντωνυμία ἢ δεικτική ἐστιν ἢ ἀναφορική*, sagt Apollonius Dyscolus in seiner Schrift *περὶ ἀντωνυμίας* p. 10 B (ed. J. Bekker). Die echte δεῖξις unterscheidet sich aber von der ἀναφορά dadurch, dass sie sich direct auf das wirkliche Object in der Aussenwelt bezieht, das bisher unbekannt oder wenigstens bisher noch nicht in die Rede eingeführt war, während ἀναφορά stattfindet, wenn ein in der Rede vorher schon erwähntes Object nochmals durch ein Pronomen aufgenommen wird. Denn das ist der Sinn, wenn Apollonius den ἀντωνυμίαι δεικτικαί die πρώτη γνῶσις zuschreibt, den ἀναφορικαί aber die δευτέρα γνῶσις: De pron. p. 77 B πρώτη γὰρ ἡ διὰ τῶν δεικτικῶν ἀντωνυμιῶν γνῶσις; De constr. II p. 98, 3 ἰδίωμα ἀναφορᾶς προκατειλεγμένου προσώπου δευτέρα γνῶσις. Der Schluss der zuletzt angeführten Stelle lautet:

ἣν (sc. δευτέραν γνῶσιν) ἐπαγγέλλεται ἡ αὐτός ἀντωνυμία. Das griechische αὐτός ist also ein relatives Pronomen in dem eben angegebenen Sinne, d. h. es kann nur zur Bezeichnung eines solchen Objects gebraucht werden, das vorher in der Rede genannt ist. Ausserdem werden als ἀντωνυμίαι ἀναφορικαί bezeichnet die Formen ἵ οἵ οἱ ἕ (de pron. p. 10 B), dazu kommen aber die beiden von Apollonius ἄρθρα genannten Pronomina, d. i. der Artikel im engern Sinne ὁ ἡ τό und das Relativpronomen im engern Sinne ὅς ἥ ὅ: ἡ τῶν ἄρθρων σημασία ἀλλοτρία δείξεως καθέστηκεν, ἐπαγγέλλεται δὲ ἀναφοράν, ὅ ἐστιν ἀναπολούμενον πρόςωπον (De pron. p. 16 A).[28] Apollonius geht so weit in der strengen Durchführung seiner Principien, dass er in den Fällen, wo der Satz mit ὅς voransteht, dies letztere gar nicht als Relativum anerkennt, sondern es zu den ἀόριστα μόρια rechnet (vergl. Schömann, Animadversionum ad veterum grammaticorum doctrinam de articulo cap. II p. 13). Da nämlich Apollonius (De pron. pag. 10) die ἀντωνυμία definirt als: λέξιν ἀντ᾽ ὀνόματος προςώπων ὡρισμένων παραστατικήν, διάφορον κατὰ τὴν πτῶσιν καὶ ἀριθμόν, ὅτε καὶ γένους ἐστὶ κατὰ τὴν φωνὴν ἀπαρέμφατος (vergl. Schömann, Redetheile S. 121), so entzieht er allen unbestimmten und ebenso den fragenden Fürwörtern den Namen ἀντωνυμία und nennt sie ἀόριστα μόρια. Dagegen gehören nach Apollonius zu den ἀντωνυμίαι δεικτικαί die Pronomina

---

28) Eine genauere und weiter gefasste Definition des ἄρθρον führt Schömann (Animadv. ad vet. gr. doctr. de art. cap. II p. 11) aus den Scholien zu Dionysius Thrax an, deren Verfasser hauptsächlich aus Apollonius schöpften: Ἄρθρον ἐστὶ μέρος λόγου συναρτώμενον πτωτικοῖς κατὰ παράθεσιν προτακτικῶς ἢ ὑποτακτικῶς μετὰ τῶν συμπαρεπομένων τῷ ὀνόματι, εἰς γνῶσιν προϋποκειμένην, ὅπερ καλεῖται ἀναφορά. Durch den Ausdruck εἰς γνῶσιν προϋποκειμένην, von Schömann übersetzt „notionem iam prius mente conceptam revocans" wird dem gew. Artikel wenigstens nicht bloss die Beziehung auf in der Rede vorher erwähnte Objecte, sondern auch die Beziehung auf allgemein bekannte Objecte zugestanden.

der 1. und 2. Person, von denen der 3. Person ἐκεῖνος, ὅδε, οὗτος. Allein diese beiden Hauptklassen, die anaphorischen und die deiktischen Pronomina, stehen sich in der Wirklichkeit nicht so scharf gegenüber, als man nach der Theorie erwarten könnte; Apollonius sagt ausdrücklich: αἱ κατὰ πρῶτον καὶ δεύτερον μόνως δεικτικαί, αἱ κατὰ τὸ τρίτον καὶ δεικτικαὶ καὶ ἀναφορικαί (de pron. p. 10 B). Es ist von hohem Interesse, dass auch die indischen Grammatiker die Kategorie des anaphorischen Pronomens gefunden haben. Dem griechischem Ausdrucke ἀναφορά entspricht der indische Ausdruck anvâdêça, den Pâṇini II 4, 32 und 34 gebraucht. Die erstere Regel lautet *idamô 'nvâdêçê 'ç anudâttas tṛtîjâdâu*, an Stelle von *idam* tritt bei nochmaliger Erwähnung vom 3. Casus an (d. h. im Instr. Dat. Gen. Abl. Loc.) das unbetonte (Pronominalthema) *a* ein. Der Sinn dieser Regel ist offenbar, dass die Formen *asmâi, asja, êshâm* u. s. w., wenn anaphorisch gebraucht, unbetont sein sollen, nicht aber, wenn sie einer πρώτη γνῶσις dienen. Aehnlichen Inhalt hat die zweite Regel, *dvitîjâṭâuhshvênaḥ* (man ergänze aus II 4, 32 *idamô 'nvâdêçê* und *anudâttaḥ*), an Stelle von *idam* tritt bei nochmaliger Erwähnung im Acc. aller Numeri, im Instr. S., im Gen. und Loc. Du. das unbetonte (Thema) *êna* ein (also *ênam ênâu ênân ênêna ênajôḥ*). Dass aber *anvâdêça* wirklich soviel bedeutet als ἀναφορά, geht aus der *Kâçikâ* zu II 4, 32 hervor: *âdêçaḥ kathanaṃ, anv-âdêçaḥ 'nukathanaṃ; kathanaṃ* bedeutet „Erzählung, Erwähnung", folglich *anukathanaṃ* „nochmalige Erwähnung". Auch das Participium *anvâdishṭaḥ* wird an einer Stelle, VI 2, 190, gebraucht: *purushaçkânvâdishṭaḥ*, auch ein Compositum, dessen erstes Glied *anu*, dessen zweites Glied *purusha* ist, hat, wenn es bedeutet „der erwähnte Mensch", den Acut auf der letzten Silbe (also *anupurushá*). Der Commentar erklärt *anvâdishṭaḥ* mit *kathitânukathitaḥ*, d. i. „nach Erwähnung nochmals erwähnt". Indessen dürfen wir nicht verschweigen, dass die ersten beiden Regeln noch eine andere Auffassung zulassen.

Relativpronomen. 55

Man kann nämlich *idamô* von *'nvâdêçê* abhängen lassen, so dass die Uebersetzungen lauten müssten: „Wenn *idaṃ* zum zweiten Male gesetzt werden sollte, so tritt an Stelle desselben vom 3. Casus an das unbetonte (Pronominalthema) *a* ein" und „Wenn *idaṃ* zum zweiten Male gesetzt werden sollte, so tritt an Stelle desselben im Acc. aller Numeri, im Instr. S. und im Gen. Loc. Du. das unbetonte (Thema) *êna* ein". In dieser Weise ist die letztere Regel von Ballantyne, Laghu kaumudî (2. ed.) p. 95 No. 306, und von M. Müller, Skr. Gr. § 270, verstanden worden, während Böhtlingk, Skr.-Chrest. S. 278, *anvâdêça* mit den Worten „Zurückverweisen auf eine vorher erwähnte Person oder Sache" erklärt, mithin unsere obige Auffassung aufgestellt hat. Aber auch wenn wir Ballantyne und Müller folgen, bleibt doch im Wesentlichen der Inhalt jener Regeln derselbe, nur ist es dann nicht mehr gestattet, *anvâdêça* als Terminus technicus mit ἀναφορά zusammenzustellen. Für die Sanskrittexte dagegen ist die Auffassung jener Regeln von grösserer Tragweite. Denn nach Ballantyne und Müller würden die Formen des Stamms *êna* nur dann zu Recht bestehen, wenn im vorhergehenden Satze zur Bezeichnung derselben Person oder Sache eine Form des Pronomens *idaṃ* gebraucht worden wäre. Thatsächlich findet sich aber *êna* sehr oft, ohne dass eine solche vorausgeht, z. B. Nal. III 16 *praçaçaṃsuçk'a suprîtâ nalaṃ tâ vismajânvitâḥ na k'a-ênam abhjabhâshanta manôbhistvabhjapûgajan*, und hocherfreut priesen sie den Nala voll Verwunderung, redeten ihn aber nicht an, sondern lobten ihn im Herzen, Ait. Br. I 1 *jad êkâdaçakapâlaḥ purôḍâçô dvâv agnâvishnû, kâ-ênajôs tatra klptiḥ, kâ vibhaktir iti?* wenn Reiskuchen in elf Schüsseln und die zwei, Agni und Vischnu da sind, welche Anordnung ist da für die beiden, welche Vertheilung? Rgv. I 163, 2 (*upastutjam mahi gâtaṃ te arvan.*) *jamêna dattaṃ trita ênam âjunak, indra ênam prathamo adhjatishṭat*, (zu preisen ist deine grosse Geburt, o Ross.) von Jama geschaffen schirrte es Trita an, bestieg es Indra zuerst. In solchen Fällen könnte man *êna* in *êta* ändern wollen, aber der Text des Veda ist doch zu gut überliefert, als dass man sich eine solche Aenderung erlauben dürfte. Schliesslich sei nur noch die entsprechende Regel aus Vôpadêva's Mugdhabhôda erwähnt, III, 132: *dvîtâusîdâitajôr ênô 'nûktâu*, an Stelle von *ida* und *êta* soll im Acc. aller Numeri, im Instr. S., im Gen. und Loc. Du. *êna* eintreten bei nochmaliger Erwähnung. Im Commentar wird *anûktâu* (Loc. von *anûkti*) erklärt durch *uktasja paçk'âduktâu*, bei Nacherwähnung von Erwähntem. In den Beispielen, welche hier, und auch in denen, welche die Regeln bei Pâṇini erläutern sollen, steht allerdings stets im ersten Satze eine Form von *idam*, wahrscheinlich aber eben, um den Unterschied zwischen dem deiktischen und dem anaphorischen Pronomen zu zeigen: *âbhjâṃ k'handô 'dhîtaṃ, athô âbhjâm vjâkaraṇamadhîjate*, von diesen ist der Veda studirt worden, von ihnen wird auch die Grammatik studirt (zu Pâ. II 4, 32); *anêna vjâkaraṇamadhîtam, ênaṃ k'handô 'dhjâpaja*, von diesem ist die Grammatik studirt worden, lass ihn den Veda studiren (zu Pâ. II 4, 34); *anêna pûĝitaḥ kṛshṇô 'tha-ênêna giriçô 'rk'itaḥ*, von diesem ist Krischna verehrt worden, und es ist auch Çiva von ihm gepriesen worden, u. a. m. (zu Vôpad. III 132). Benfey's Uebersetzung dieses Beispiels (Vollst. Gr. §. 777 VI) „von diesem wird Krischna verehrt; aber von diesem *(ênêna)* Siva" ist mehr als zweideutig.

Wir kehren jetzt zum Griechischen zurück. Die Pronomina der 1. und 2. Person lassen wir jetzt gänzlich bei Seite, nur die der 3. wollen wir ihrem Wesen nach ergründen. Die drei Pronomina ὅδε οὗτος ἐκεῖνος werden von der letzten Bemerkung des Apollonius nicht in gleichem Masse betroffen. Allerdings können alle drei Pronomina direct ein Object in der Aussenwelt bezeichnen, aber — um uns zunächst nur auf die Vergleichung von οὗτος und ὅδε zu beschränken — οὗτος ist doch vorwiegend anaphorisches Pronomen, während ὅδε vorwiegend echt deiktisches

Pronomen ist. Οὗτος wird verhältnissmässig selten auf eine unbekannte oder bisher noch nicht erwähnte Person oder Sache, die man mit den Sinnen wahrnimmt, hinzeigen und sie in die Rede einführen, in den meisten Fällen ist auch da, wo οὗτος auf ein Object in der Aussenwelt direct hinweist, schon vorher von demselben die Rede gewesen. Für die eigentliche πρώτη γνῶσις wird mit Vorliebe das Pronomen ὅδε verwendet, und dieses kommt selten anaphorisch vor. Vortrefflich kann man den Unterschied dieser zwei Pronomina an einigen Stellen der Teichoskopie beobachten. Priamos ruft die Helena zu sich auf die Mauerzinne, damit sie mit ihm das glänzende Schauspiel betrachte, besonders aber damit sie ihm die achäischen Helden vor ihnen mit Namen nenne. So fragt er:

Γ 166. ὥς μοι καὶ τόνδ' ἄνδρα πελώριον ἐξονομήνῃς,
ὅςτις ὅδ' ἐστὶν Ἀχαιὸς ἀνὴρ ἠΰς τε μέγας τε..
192 εἴπ' ἄγε μοι καὶ τόνδε, φίλον τέκος, ὅςτις ὅδ' ἐστίν..
226 τίς τ' ἄρ' ὅδ' ἄλλος Ἀχαιὸς ἀνὴρ ἠΰς τε μέγας τε..

Charakteristisch ist nun, dass Helena in den Antworten jedesmal das Pronomen οὗτος gebraucht:
178 οὗτος γ' Ἀτρείδης εὐρυκρείων Ἀγαμέμνων..
200 οὗτος δ' αὖ Λαερτιάδης, πολυμῆτις Ὀδυσσεύς..
229 οὗτος δ' Αἴας ἐστὶ πελώριος, ἕρκος Ἀχαιῶν.

Offenbar weist hier οὗτος gleichfalls direct auf die Helden selbst hin, aber doch erst bei der zweiten Hinweisung, nachdem durch jenes ὅδε und τόνδε schon constatirt war, um wen es sich handele; οὗτος bedeutet hier soviel als „dieser dort, nach dem du mich gefragt hast". Ebenso offenbar ist der Hinweis auf ein in der Aussenwelt befindliches Object Τ 8. Thetis kommt ihrem Sohne die Rüstung zu bringen und trifft ihn jammernd am Leichnam des Patroklos. Da sind ihre ersten Worte: τέκνον ἐμόν, τοῦτον μὲν ἐάσομεν ἀχνύμενοί περ κεῖσθαι. Aber trotzdem dass τοῦτον fast das erste Wort in der Rede der Thetis ist, dient es doch keiner πρώτη γνῶσις. Denn Patroklos war schon viel besprochen und bejammert worden; an diese Thatsache knüpft Thetis an, so dass τοῦτον den Sinn hat „diesen, den viel bejammerten". Aehnlich verhält es sich φ 334.

Im Ganzen finden sich die Beispiele der, wir können sagen sinnlichen, δεῖξις verhältnissmässig selten. Denn sie gehören eigentlich nur der lebendigen Rede an und kommen deshalb nur da in der Litteratur vor, wo Personen wie Lebende in bestimmten Situationen auftreten und sprechen, also namentlich im Drama und überall, wo in Poesie oder Prosa die dramatische Form eingeführt ist. Wie sehr hierbei das Pronomen ὅδε überwiegt, lässt sich gut an dem Eingange des Oedipus auf Kolonos beobachten. Hier geht ja das Zwiegespräch zwischen Oedipus und Antigone, dann deren Verhandlung mit dem Fremden unter fortwährenden directen Beziehungen auf die Oertlichkeit vor sich, und so findet sich ὅδε V. 1—116 zwanzigmal unmittelbar in die Aussenwelt hineinweisend (16. 19. 29. 32. 33. 36. 45. 54. 57. 59. 64. 67. 79. 85. 98. 101. 109. 110. 111. 114). Nur selten kommt es in anderem Sinne vor (22. 61. 79. 94), οὗτος ist überhaupt wenig gebraucht (25. 46. 62. 68. 88). Vergleiche Eur. Hec. 259. 263. 264. [29])

Allein wie schon angedeutet, ist dies wohl die stärkste Art der δεῖξις, aber nicht die einzige. Weit häufiger weisen die Demonstrativpronomina auf das sprachliche Bild des realen Objects, das Wort, hin, weit häufiger insofern, als wenigstens in der Sprache der Litteratur (nicht der des gewöhnlichen Lebens) die besprochenen Objecte nicht als in Wirklichkeit zugegen gedacht werden können. Aber

---

[29]) Es sei noch erwähnt, dass ὅδε in Anwendung auf die Zeit die bevorstehende Zeit bezeichnet, z. B. *I* 78 νὺξ δ' ἥδ' ἠὲ διαρραίσει στρατὸν ἠὲ σαώσει.

auch da zeigt sich der nämliche Unterschied zwischen ὅδε und οὗτος. Während οὗτος auf Vorhererwähntes oder Bekanntes zurückweist, führt ὅδε noch nicht Erwähntes ein und zeigt auf dasselbe hin als auf Etwas Neues. Man kann beobachten, dass in einer von der Wirklichkeit ganz abgelösten Rede οὗτος viel öfter gebraucht wird, als ὅδε, weil es in der Natur der Sache liegt, dass öfter durch Hinweisung auf Vorhererwähntes die Rede weitergeführt, als dass in nachdrücklicher Weise auf Kommendes hingewiesen wird [30]). Man lese beispielsweise das 1. Buch von Platon's Politie, und man wird sich wundern, wie selten den vielen Formen von οὗτος gegenüber das Pronomen ὅδε gebraucht ist. In der Geschichtserzählung zeigt sich der Unterschied zwischen οὗτος und ὅδε recht schlagend, wenn ersteres den Inhalt einer direct angeführten Rede jemandes schliesslich nochmals zusammenfasst (ταῦτα ἔλεγε u. dergl.), letzteres dagegen auf den Wortlaut, der erst folgt, hinweist. Beides ist vereinigt Herod. VI 53: ταῦτα μὲν Λακεδαιμόνιοι λέγουσι μοῦνοι Ἑλλήνων, τάδε δὲ κατὰ ταὐτὰ λεγόμενα ὑπ' Ἑλλήνων ἐγὼ γράφω. Die eine Tradition ist erzählt, die andere soll erzählt werden. Nur eine Besonderheit scheint es zu sein, wenn οὗτος, ohne auf Vorhererwähntes hinzuweisen, ein allgemein bekanntes Object bezeichnet, z. B. Oed. R. 562 τότ' οὖν ὁ μάντις οὗτος ἦν ἐν τῇ τέχνῃ; Gemeint ist Tiresias „jener berühmte Seher". Das allgemeine Bekanntsein kommt einer ausdrücklichen Erwähnung gleich. Hiermit hängt meiner Ansicht nach zusammen, wenn, was so oft geschieht, ein οὗτος vorausgeht, und dann die Person oder Sache, welche gemeint ist, erst in einem Relativsatze näher bezeichnet wird, z. B. Π 30 μή ἔμεγ' οὖν οὗτός γε λάβοι

---

30) Ein hübsches Beispiel ist Herod. V 5 ἐπεὰν ὦν τις αὐτῶν ἀποθάνῃ, κρίσις γίνεται μεγάλη τῶν γυναικῶν καὶ φίλων σπουδαὶ ἰσχυραὶ περὶ τοῦδε, ἥτις αὐτέων ἐφιλέετο μάλιστα ὑπὸ τοῦ ἀνδρός. Bei Herodot finden sich überhaupt verhältnissmässig viele solche Beispiele, vergl. noch §. 7 Θεοὺς δὲ σέβονται μούνους τούσδε, Ἄρεα καὶ Διόνυσον καὶ Ἄρτεμιν.

χόλος, ὃν σὺ φυλάσσεις, Herod. VI 52 λέγουσι αὐτὸν Ἀριστόδημον.... ἀγαγεῖν σφέας εἰς ταύτην τὴν χώρην, τὴν νῦν ἐκτέαται. Es ist dies gewissermassen eine rhetorische Figur: man stellt sich, als ob eine Person oder Sache allgemein bekannt, als ob Jedermann wüsste, welche gemeint wäre, und bringt die unumgänglich nöthige Charakteristik (das logische Prius) in einem Relativsatze nach. Dass diese Auffassung richtig ist, geht daraus hervor, dass auch ἐκεῖνος ganz ebenso gebraucht wird, wie wir sogleich noch besprechen werden.

Das dritte Demonstrativpronomen, ἐκεῖνος, κεῖνος, hat als hauptsächliche Eigenthümlichkeit, sich auf Entferntes zu beziehen, und steht insofern zu ὅδε in einem gewissen Gegensatze: es bezeichnet immer, wenn es in die Aussenwelt hineinweist, ein entfernt oder seitwärts befindliches Object, z. B. E 604 καὶ νῦν οἱ πάρα κεῖνος Ἄρης, βροτῷ ἀνδρὶ ἐοικώς (Diomedes sagt dies zu den Achäern, nachdem er mit ihnen vor Hektor und Ares zurückgewichen ist, vergl. 600 und 607); σ 239 οὕτω νῦν μνηστῆρες ἐν ἡμετέροισι δόμοισιν νεύοιεν κεφαλὰς δεδμημένοι... ὡς νῦν Ἴρος ἐκεῖνος ἐπ' αὐλείῃσι θύρῃσιν ἧσται νευστάζων κεφαλῇ.... Arist. Ritt. 1196 ὀλίγον μοι μέλει· ἐκεινοὶ γὰρ ὡς ἐμ' ἔρχονται — πρέσβεις. In den seltenen Fällen, in denen οὗτος mit ὅδε wechselnd direct auf Objecte hinweist, hat ersteres dieselbe Function, wie ἐκεῖνος, während ὅδε ohne Zweifel zur Bezeichnung des Näheren dient, z. B. Θ 109 τούτω μὲν θεράποντε κομείτων, τώδε δὲ νῶϊ Τρωσὶν ἐφ' ἱπποδάμοις ἰθύνομεν (τώδε sind die Rosse, welche Diomedes selbst lenkt, τούτω sind die des Nestor); Plat. Apol. 33 E πάντως δὲ πάρεισιν αὐτῶν πολλοὶ ἐνταυθοῖ, οὓς ἐγὼ ὁρῶ, πρῶτον μὲν Κρίτων οὑτοσί, ἐμὸς ἡλικιώτης καὶ δημότης, Κριτοβούλου τοῦδε πατήρ· ἔπειτα Λυσανίας ὁ Σφήττιος, Αἰσχίνου τοῦδε πατήρ· ἔτι Ἀντιφῶν ὁ Κηφισιεὺς οὑτοσί, Ἐπιγένους πατὴρ κτλ. Natürlich ändert sich im Principe Nichts, wenn wir an dieser Stelle οὑτοσί mit „dort", τοῦδε mit „hier" übersetzen.

Ein Pronomen aber, das wie ἐκεῖνος so offenbar ursprünglich zum Ausdruck der Ferne dient, ist ganz besonders geeignet in der von der Aussenwelt losgelösten Rede, in der Erzählung eine Rolle zu spielen. Wir brauchen uns nur die in der Ferne befindliche Person oder Sache als in Zeit oder Raum hinter uns liegend und mithin als gekannt und gewusst zu denken, dann ist es sehr wohl begreiflich, dass ἐκεῖνος in der Rede auf Vorhererwähntes sich zurückbezieht. Gewöhnlich enthält es noch eine Anspielung auf das Entferntsein oder die Abwesenheit des Objects, z. B. B 330 κεῖνος τὼς ἀγόρευε. Gemeint ist Kalchas, dessen Worte eben 323—329 angeführt sind; aber sie befinden sich in einer Rede des Odysseus, die dieser neun Jahre später vor den Achäern hält. Aehnlich ist es, wenn Nestor γ 317 zu Telemachos sagt: ἀλλ' ἐς μὲν Μενέλαον ἐγὼ κέλομαι καὶ ἄνωγα ἐλθεῖν· κεῖνος γὰρ νέον ἄλλοθεν εἰλήλουθεν ἐκ τῶν ἀνθρώπων, ὅθεν οὐκ ἔλποιτό γε θυμῷ ἐλθέμεν. Menelaos wohnte eben weit weg. Oed. Col. 1760 und 1763 bezeichnet es den gestorbenen Oedipus, Oed. R. 253. 255. 257 den längst verstorbenen Laios. Aber sehr oft bezieht sich ἐκεῖνος einfach auf eine — vor einer andern — erwähnte Person oder Sache, z. B. Γ 440 νῦν μὲν γὰρ Μενέλαος ἐνίκησεν σὺν Ἀθήνῃ, κεῖνον δ'αὖτις ἐγώ. Herod. V 13 ὁ δ'ἀμείβετο, τίνες δὲ οἱ Παίονες ἄνθρωποί εἰσι καὶ κοῦ γῆς οἰκήμενοι, καὶ τί ἐκεῖνοι ἐθέλοντες ἔλθοιεν ἐς Σάρδις. Xen. Cyrop. I 4, 10 οὕτω δὴ ὁ Κῦρος εἰςκομίσας τὰ θηρία ἐδίδου τε τῷ πάππῳ καὶ ἔλεγεν, ὅτι αὐτὸς ταῦτα θηράσειεν ἐκείνῳ. Auffallend sind besonders die Stellen, wo ἐκεῖνος zur Bezeichnung derselben Person mit αὐτός wechselt, wie z. B. Plat. Prot. p. 310 D ἂν αὐτῷ διδῷς ἀργύριον καὶ πείθῃς ἐκεῖνον, ποιήσει καὶ σὲ σοφόν.

Dass ἐκεῖνος bei allgemein bekannten und berühmten Objecten gebraucht wird, wie οὗτος, ist Etwas Gewöhnliches und bedarf nicht erst der Belege. Im Lateinischen gebraucht man ja *ille*, im Deutschen *jener* ebenso. Endlich stimmt ἐκεῖνος auch darin mit οὗτος überein, dass es dem erläuternden Relativsatze oft vorausgeht, wie in jener bekannten Stelle: ζ 158 κεῖνος δ᾽ αὖ πέρι κηρὶ μακάρτατος ἔξοχον ἄλλων, ὅς κε σ᾽ ἐέδνοισι βρίσας οἶκονδ᾽ ἀγάγηται. Solche Stellen, wie diese störten den Apollonios sehr, weil er in die Definition der ἀντωνυμία aufgenommen hatte, dass sie sich stets auf ein bestimmtes Object beziehen müsse. Doch weiss er sich in diesem Falle zu helfen (De pron. p. 11 A. B.): ἴσως τισὶ δόξει τὸ „κεῖνος δ᾽ αὖ πέρι κηρὶ μακάρτατος" ἀντικεῖσθαι οὔτε γὰρ δεικτικὸν οὔτε ἐπί τι ὁριζόμενον ἀναφέρεται. Ἀλλ᾽ ἡ ἀναφορὰ ὡς ἐπί τι πρόσωπον πάντως ἐσόμενον λαμβάνεται, ὅπερ εὐφημιζόμενος προληπτικῶς ἀνεφώνησεν.

Vergegenwärtigen wir uns die kurze Charakteristik der drei Pronomina nochmals, so finden wir in ihrem manigfaltigen Gebrauche zwei Hauptfunctionen, aus denen man auch alle andern ableiten kann: die erste besteht in der Fähigkeit direct auf ein Object in der Aussenwelt hinzuweisen, die zweite in der Fähigkeit auf in der Rede vorher Erwähntes oder allgemein Bekanntes mehr oder weniger energisch hinzuweisen. In dieser zweiten Hauptfunction nähern sich die Demonstrativpronomina οὗτος und ἐκεῖνος — dem Pronomen ὅδε ist dieselbe in der Hauptsache fremd — dem gewöhnlichen anaphorischen Pronomen αὐτόν (der Nom. hat andere Bedeutung), denn ein einfaches Pronomen der dritten Person kann gar nicht anders gebraucht werden, als so, dass es ein in der Rede bereits erwähntes Object wieder aufnimmt. Wenn wir nun berechtigt sind als eigenstes Wesen der Demonstrativpronomina diejenige ihrer Functionen anzusehen, welche sich bei keinem andern Pronomen nachweisen lässt, so besteht dasselbe darin, dass sie direct auf die Objecte der Aussenwelt hinweisen können. Hieraus folgt, dass ὅδε ἥδε τόδε im Griechischen das reinste und schärfste Demonstrativpronomen, und dass οὗτος und ἐκεῖνος, wenn man genaue

Unterschiede machen will, am passendsten **anaphorische Demonstrativpronomina** genannt werden. Halten wir uns zunächst an die Thatsache, dass die Pronomina οὗτος, ἐκεῖνος einerseits und αὐτός andrerseits in dem gemeinsamen anaphorischen Gebrauche eine gewisse Verwandtschaft zeigen, so ist es nicht ohne Werth, dass man dieselbe auch etymologisch, d. h. aus dem materiellen Bestande jener Pronomina, motiviren kann. Οὗτος und αὐτός, die wir zunächst vergleichen, sind speciell griechische Pronomina, wenn auch der Stamm αὐτο jedenfalls mit dem der lateinischen Partikel *autem* identisch ist. Dass οὗτος namentlich eine ausschliesslich griechische Bildung sein muss, geht daraus hervor, dass hier, abweichend von andern pronominalen Compositionen, das erste Glied je nach dem Geschlechte verschiedene Gestalt zeigt und zwar entsprechend den Formen des Pronomens ὁ ἡ τό. Wir dürfen daher behaupten, dass οὗτος αὕτη τοῦτο zunächst als Zusammensetzung der wohlbekannten Stämme *sa sâ ta* mit dem weniger bekannten Stamme *uta* zu betrachten ist. Derselbe Stamm *uta* steckt jedenfalls auch in αὐτός, und es ist der gemeinschaftliche Factor der beiden griechischen Pronomina. Während aber in αὐτός der abgeschwächteste aller Demonstrativstämme, nämlich *a*, vorgetreten ist, stehen in οὗτος αὕτη τοῦτο an seiner Stelle die jedenfalls kräftiger gebliebenen Demonstrativstämme *sa* und *ta*, und von diesen stammt denn auch offenbar der demonstrative Charakter von οὗτος.

Ueber die einzelnen Bestandtheile dieses Pronomens ist man sich schon längst klar gewesen; Benfey (Wurzell. I, S. 287 ff.) hat es zuerst in *sa-u-tas sâ-u-tâ ta-u-tad* zerlegt, und Sonne hat es in seinem gedankenreichen Aufsatze Ztschr. XII, S. 270 zuletzt nochmals besprochen. Fast könnte es aber scheinen, als ob auch letzterer über die Art und Weise, wie das Zusammenschiessen der einzelnen Elemente vor sich ging, nicht die richtige Ansicht hätte. Indem er nämlich S. 269 nachweist, dass in vedischen

Nebeneinandersetzungen wie *êtâ u tjâ*, *ımam u tjam* die Partikel *u* declinirte Pronominalformen mit einander verbindet, scheint er S. 270 ähnliche, dieselbe Partikel enthaltende Formeln für das griechische οὗτος vorauszusetzen, wenigstens muss ihn Scherer, der Zur Gesch. d. d. Spr. S. 374 eine ähnliche Ansicht ausspricht, so verstanden haben. Dass aus ursprünglich neben einander stehenden coordinirten Wörtern Compositionen werden können, ist natürlich nicht zu leugnen; anstatt des homerischen ἐμοὶ αὐτῷ (z. B. II, 12) sagte man später ἐμαυτῷ; allein gegen jene Ansicht spricht doch der schon oben betonte speciell griechische Charakter von οὗτος. Denn mit welchem Rechte dürfte man auch für das älteste Griechisch eine Partikel *ὐ* annehmen, die dem sanskritischen *u* entspräche? Wie sollte man sich denn ferner die Entstehung von αὐτός denken? Aehnlich wie οὗτος könnte es schwerlich entstanden sein. Wir erlauben uns daher mit Sonne S. 272 für das Urgriechisch einen selbständigen Pronominalstamm *ὐτο* vorauszusetzen. Natürlicherweise ist derselbe eine Zusammensetzung der Stämme *u* und *ta*, aber es ist doch nicht die Partikel *u*, die mit dem eigentlich selbständigen Stamme *ta* verschmolzen wäre. Uebrigens müssten wir uns dann, wenn auch nicht über die pluralen Nominative -τοι und -ται, so doch über die singularen -τος und -τη wundern, denn man erwartet im Nom. den Stamm *sa*. Wie aber unserer Ueberzeugung nach die Stämme ὁ ἁ το τα mit *ιτο* eine Verbindung eingingen, so thaten dies auch die Demonstrativstämme τοσο τοσα, τοιο τοια, τηλικο τηλικα und so entständen die anaphorischen Demonstrativstämme τοσο-ιτο τοσα-ιτα, τοιο-ιτο τοια-ιτα, τηλικο-ιτο τηλικα-ιτα; durch Zusammensetzung mit οὗτος, wie man wohl geglaubt hat, sind diese letztern gewiss nicht gebildet.

Ein Wort der Erklärung gebührt noch den neutralen Formen ταῦτα, τοσαῦτα, τοιαῦτα, τηλικαῦτα, denn der Diphthong αυ erscheint ja sonst nur in den femininen Formen, in welchen er durch die Länge des Auslauts der

Stämme τα, τοσᾱ, τοιᾱ, τηλικᾱ völlig gerechtfertigt ist. Allein der Nom. Acc. Plur. Neutr. der *A*-stämme ging ursprünglich auch auf *â* aus, was uns hinreichend durch das vedische Sanskrit und das Gothische verbürgt ist. In der indogermanischen *A*-Declination hatten also Nom. S. Fem. und Nom. Acc. Pl. Neutr. dieselbe Form, und zwar liegt uns in beiden Bildungen, wie es scheint, eine reine Stammform ohne besondere Casusendung vor. Im Gothischen haben diese Casus völlig gleiche Schicksale erlitten, man vergleiche Nom. S. Fem. *giba* und Nom. Acc. Pl. *vaurda*, dagegen von den einsilbigen Pronominalstämmen *sa* und *tha* Nom. S. Fem. *sô* Nom. Acc. Pl. N. *thô*. Dasselbe gilt vom Lateinischen, man vergleiche *aquă* mit *bellă*, Nom. S. Fem. *hae-c, quae* mit Nom. Acc. Pl. Neutr. *hae-c, quae*. Im nachvedischen Sanskrit dagegen ist vollständige Differenzirung eingetreten, indem es Regel wurde, Nom. Acc. Pl. der Neutra auf *â-ni* zu bilden, z. B. *jugâni*. In der Mitte zwischen diesen beiden Gegensätzen steht das Zend und das Griechische: beide Sprachen haben das *â* der Neutra, erstere in vielen, letztere in allen Fällen zu *ă* geschwächt, und ebenso haben beide Sprachen in vielen Fällen das *â* der Feminina gekürzt, nur dass sich daneben auch, worauf wir nicht weiter eingehen wollen, der Differenzirungstrieb geltend macht (s. Justi, Handb. der Zendspr. S. 387. 388). Während also die Neutra in den meisten Fällen in Stamm und Endung der Analogie der Masculina folgen und eigentlich nur im pronominalen Nom. Acc. Sing. eine ihnen eigenthümliche Endung besitzen, haben sie sich im Nom. Acc. Pl. in der Wahl des Stammes den Femininis angeschlossen [31]. Hierauf beruht der allerdings auffallende Unterschied, welcher sich innerhalb der Stämme von τοῦτο und ταῦτα, τοσοῦτο und τοσαῦτα u. s. w. bemerklich macht.

---

31) Wenn man bedenkt, dass im Griechischen der Nom. Pl. Neutr. sein Verb im Sing. bei sich hat, so könnte man diesen Casus der Bildung nach geradezu für einen Nom. Sing. Fem. halten und dem Femininum in diesem Falle collective Bedeutung zuschreiben.

Ein Pronominalstamm *uta* ist allerdings in keiner der indogermanischen Sprachen durchdeclinirt vorhanden, aber die copulative Partikel *uta* im Sanskrit und Zend stellt seine Existenz ausser Frage. Als parallele Bildung kann zu *uta* der dem lateinischen *ita, item* und dem vereinzelten Dativ *itê* im Zend zu Grunde liegende Stamm *ita* betrachtet werden; in ähnlicher Weise geht dem im Griechischen und Lateinischen vorhandenen Stamme *auto* der Stamm *aita* zur Seite, vertreten durch *êtad êtam* u. s. w. im Sanskrit, *aêtem* u. s. w. im Zend, durch die Partikel εἶτα im Griechischen.

Möglicher Weise ist der Stamm ὑτο im Griechischen durch den Stamm αὐτο verdrängt worden, wie denn in der That die griechischen Partikeln αὖ und αὖτε den sanskritischen Partikeln *u* und *uta* zu entsprechen scheinen [32]. Uebrigens könnte man fast trotz der Verkürzung von αὖ Ω 595, die Sonne S. 278 dagegen geltend macht, das α von αὐτός für lang halten. Wir würden dann das auffallende ω der ionischen Reflexivpronomina ἐμεωυτοῖ, σεωυτοῖ, ἑωυτοῦ begreifen; ω würde dann Vertreter des langen α sein, wie in θῶυμα (s. Curtius Grundz.² S. 228); ferner wäre dann eine Erklärung für die Verschiedenheit der Diphthonge in αὐτός, αὖ, αὖτε, αὖτις u. s. w. einerseits und οὖ, οὐκ, οὖν andrerseits gefunden: der Diphthong αυ würde in diesem Falle aus $â + u$, der Diphthong ου aus $a + u$ entstanden sein.

Offenbar ist dasjenige Element, welches in dem von uns aus οὗτος und αὐτός gelösten Stamme *uta* das ton-

---

[32] Freilich kann αὖτε sehr wohl, wie Sonne a. a. O. S. 278 meint, griechische Zusammensetzung der Partikel αὖ mit dem enclitischen τε sein, so dass dann an völlige lautliche Uebereinstimmung mit *uta* nicht zu denken wäre. Jedenfalls haben die griechischen und sanskritischen Partikeln gemein, ohne scharf ausgeprägte Bedeutung die Rede einfach weiter zu führen oder aber einen leiseren oder stärkeren Gegensatz auszudrücken. S. P. W. und Duncan-Rost, Lex. Hom.-Pind.

angebende ist, der Pronominalstamm *u*. Als Pronomen kommt dieser selbständig nicht vor, sondern nur als Partikel, im Sanskrit, wie schon erwähnt. Partikeln haben aber oft eine verblasste Bedeutung und können daher immer nur als secundäre Quelle gelten, wenn man die ursprüngliche Bedeutung eines Pronominalstammes kennen lernen will. Wir halten uns daher an die zusammengesetzten Pronomina, welche diesen Pronominalstamm mit enthalten, und wenn alle diese die Neigung haben in die Ferne oder nach rückwärts zu zeigen und sich auf Bekanntes zu beziehen, so dürfen wir darin wohl auch die Grundbedeutung des Pronominalstammes *u* erblicken. Es gehören hierher das dem Zendavesta angehörige *ava* und das genau entsprechende kirchenslawische *ovŭ*, ferner noch aus dem Zend der Nom. *hâu* und aus dem Sanskrit der Nom. *asâu*, endlich aus dem Zend die Pronomina *avat* und *avavat*. Abgesehen von dem letztgenannten wird für alle diese Pronomina die Bedeutung „jener" angegeben.

Echt demonstrativ ist es, wenn *ava, avat* und *hâu* an einer Stelle vereinigt als Epitheta der Sonne, des Mondes und der Sterne da droben erscheinen, Vend. 9, 161: *anuço zî, çpitama zarathustra, aêsha yâ paiti-iriçta avat hvare âtâpaiti* (Justi: *âtâpayêiti), anuço hâu mâo, anuço avê çtârô*, ungern, o heiliger Zarathustra, bescheint diese Unreine jene Sonne, ungern jener Mond, ungern jene Sterne (s. Justi's Wörterb. unter *paitüriçta*). Und dass dieser Gebrauch nicht vereinzelt ist, beweisen Stellen wie Y. 19, 20 *para avañhe hû... dâhîm* vor der Schöpfung jener Sonne; Y. 19, 16 *para avañhê ashnô dâoñhôit* vor der Erschaffung jenes Himmels; Y. I, 45 *nivaêdhayêmi hañkârayêmi.... añhâoçca zemô avañhêca ashnô...* ich lade ein und thue es kund .. dieser Erde und jenem Himmel... (ebenso Y. III 59). Auf allgemein bekannte, berühmte oder berüchtigte Objecte bezieht sich dieses Pronomen Y. 17, 46 *âzôis daêvôdâtahê hamôiçtri, avañhâo mûs avañhâo pairikayâi paitistâtayaêca*, zum Widerstehen gegen den von den Devs geschaffenen Azi, zum Widerstehen gegen jene Mûs, jene Peri; Vend. 18, 51 *âaṭ hô çraoshô ashyô aom mereghem fraghrâyêiti parôdarsh nâma*, dann weckt dieser heilige Çraosha jenen Vogel auf, Namens Parôdarsh (Hahn); Vend. 19, 39 *kutha hîs azem kerenavâni haca avañhâṭ drujaṭ, haca duzhda añramainyô?* wie soll ich sie vor jener Druj, vor dem bösen Añramainyu schützen? — Oft folgt eine relative Bestimmung nach, z. B. Y. 26, 3 *vîçpanãmca âoñhãm paoiryanãm fravashinãm idha yazamaidhe fravashîm avãm yãm ahurêmazdâo*, von allen den frühern Fravaschis preisen wir hier jene Fravaschi des Ahuramazda (genauer: nämlich die des Ahuramazda); Vend. 10, 30 *imê aêtê vaca, yôi heñti avañhâo drujô avañhâo naçâvô hamaêstârem, yâ haca irista upa jvañtem upadvâçaiti*, dies sind die Worte, welche der Feind sind jener Druj, jener Naçu, welche von dem Todten auf den Lebenden springt; Y. 43, 15 *avâis urvâtâis, yâ tû, mazdâ, dîdereghzhô*, nach jenen Gesetzen, welche du, o Mazda, lehrtest. Ganz dieselbe Rolle spielt *ava* Vend. 19, 47. 13, 60. Y. 33, 6. 42, 4. 32, 15. 23, 1. Visp. 8, 17... Endlich ist *ava* bisweilen gewöhnliches anaphorisches Demonstrativpronomen, es bezieht sich dann auf ein etwas weiter zurück in der Rede erwähntes Object, z. B. Y. 56, 11, 5 *yôi avê paçkâṭ vayañti, nôiṭ avê paçkâṭ âfeñtê*, die hinter jenen hereilen, erreichen sie nicht; gemeint sind die gleich im Anfange des Hymnus genannten Rosse, welche den Çraosha führen; das zweite Mal ist *avê* kaum mehr Demonstrativpronomen, sondern einfaches anaphorisches Pronomen (αὐτοίς). Vend. 13, 28 *yaçe taṭ paiti avâo gaêthâo tâyus vâ vehrkô vâ apaiti*, welcher Dieb oder Wolf zu jenen Hürden kommt... Aus dem Vorausgehenden erhellt, dass die Hürden gemeint sind, zu denen ein verstümmelter Hund gehört. — In ähnlicher Weise wird *avaṭ* verwendet, z. B. Y. 57, 23 *barezistem barezimnãm avaṭ yâ aṭ hvare avâcî*, excelsissimum illud excelsorum, quod sol nominatur; Y. 19, 2 *ciṭ avaṭ vacô âç, ahura mazdâ, yaṭ mê frâvaocô*, quae erat oratio illa,

Relativpronomen. 69

Ahuramazda, quam mecum communicasti? Mit Unrecht hat daher Spiegel Y. 13, 11 *avaṭ* durch „folgendes" übersetzt: *namaṅhâ ashâi uzdâtâo paitî avaṭ çtuye* „mit Gebet an Ascha bei emporgehobenen (Darunbroten) flehe ich folgendes". Allerdings folgt nun ein Gebet, allein dieser ganze Hymnus enthält eine Anzahl gerade der wichtigsten Gebete, er ist, wie Spiegel selbst bemerkt, eine Art Glaubensbekenntniss; *avaṭ* ist daher soviel als „jenes hochheilige, praeclarum illud". — Fast noch mehr Inhalt ist in dies Pronomen an den Stellen eingezogen, an welchen es dem lateinischen *tantus* entspricht. Der Begriff der Grösse liegt natürlich weder in dem lateinischen noch in dem altbaktrischen Worte klar ausgesprochen, aber der Pronominalstamm *u* bringt vermöge seiner Verwendung Bekanntes wieder aufzunehmen einen gewissen Begriff der Qualität mit sich. Da nun von den Attributen eines Körpers die Ausdehnung jedenfalls am meisten in die Augen fällt, so kommt *avaṭ* eben öfter im Sinne von „so gross, so lang" u. s. w. vor, z. B. Vend. 17, 19, 20 *çravâbya maghem avakanôis nistarenaêmâṭ nmânahê avaṭ aipi, yatha kaçıstahe erezvô fratemem ṭbishis,* mit den Nägeln (beider Hände) grabe ein Loch ausserhalb des Hauses so gross, als das vorderste Glied des kleinsten Fingers. — Dieselbe Bedeutung hat das Pronomen *avavaṭ* stets, z. B. Y. 19, 15, wo es neben *avaṭ* erscheint: *avavaitya bāzaçca frathaçca pairitanuya yatha îm zâo, açtica îm zâo avaiti bāzô yavaiti frathaçcit,* soviel in der Tiefe und in der Breite werde ich (seine Seele) hinwegführen, als diese Erde, und es ist diese Erde ebenso gross in die Tiefe, als in die Breite. — Natürlich hängen hiermit die als Partikeln gebrauchten Neutra *avaṭ, yavat,* denen im Sanskrit *tâvat, jâvat* entsprechen, zusammen. Sehr nahe liegt es auf den ersten Blick mit *avañt* und *avavañt* das griechische τοσοῦτος zu vergleichen und auch hier den Begriff der Grösse aus dem Pronominalstamme *u* abzuleiten. Allein, wie wir noch sehen werden, liegt der Begriff der Grösse in dem griechischen Pronomen in dem σο (hom. σσο, d. i. σjo oder tjo) des 1. Theils ausgedrückt (s. Cap. III); wie sollte denn sonst schon τόσος (hom. τόσσος) dieselbe Bedeutung haben?

Das Pronomen *hâu* endlich ist gleichfalls in der Hauptsache ein anaphorisches Demonstrativpronomen. Vend. 19, 143 klagen die bösen Geister (Devs), dass Zarathustra geboren sei, und dann heisst es 144: *kva hê aoshô viñdâma? hâu daêvanãm çnathô, hâu daêvanãm paityârô*, wie sollen wir den Tod desselben erlangen? e r ist Schlagen der Devs, e r ist die Gegenschöpfung gegen die Devs. — An einer andern Stelle wird gefragt, wo die Devs und ihre Verehrer zu finden seien, da lautet die Antwort Vend. 7, 138 *aêtaêshva dakhmaêshva* . . . auf den Leichenstätten . . . 139 *hâu açti daêvo, hâu daêvayâzô, hâu daêvanãm hañdvarenô* (*hâu* ist hier gebraucht wie οὗτος K 82 τίς δ᾽ οὗτος κατὰ νῆας ἀνὰ στρατὸν ἔρχεαι οἶος; im Sinne von „da, dort befindlich") dort ist der Dev, dort der Verehrer der Devs, dort die Zusammenkunft der Devs. — Vend. 13, 48 kommt *hâu* fast ganz dem lateinischen *idem* gleich. Zuvor ist die Strafe (*citha*) genannt, welche auf Verwundung eines jungen Hundes steht, dann heisst es: *hâu jazhaos, hâu vîzaos, hâu çukurunahê* . . . ebendieselbe bei einem *jazhu*, ebendieselbe bei einem *vîzu*, ebendieselbe bei einem *çukuruna* . . . (Namen für Arten von jungen Hunden).

Das eben behandelte Zendpronomen *hâu* steht für ursprüngliches *sâu*, es enthält also ohne Frage dieselben Elemente wie die erste Silbe des griechischen οὗτος, nur dass in *sâu* das *a* lang, in οὗτος dagegen kurz ist. Die Bildungen sind also nicht ganz identisch, und man ist nicht berechtigt etwa auf das zendische *hâu* gestützt οὗτος im Gegensatz zu unserer obigen Auffassung, als Weiterbildung eines οὑ anzusehen.

Dagegen ist am nächsten mit *hâu* das sanskritische *asâu* zu vergleichen, das als Nom. ohne die gewöhnliche Nominativbezeichnung eine ebenso wunderbare Nominativbildung wie jenes ist. [33]) Was den Gebrauch von *asâu* anlangt, so ist derselbe bereits im Petersburger Wörterbuche genügend specialisirt worden. Die echt deiktische Funktion zeigt sich in den Gegensätzen *ajam agniḥ* dieses (auf Erden befindliche) Feuer, und *asâvagniḥ* jenes (im Himmel befindliche) Feuer, *ajam lôkaḥ* diese Welt, *asâu lôkaḥ* jene Welt. Die anaphorisch deiktische Function sieht man z. B. Hit. I 8: *tataḥ kuṭṭanjupadêçêna taṃ k'ârudantanâmânaṃ baṇikputram sa râjaputraḥ sêvakaṇ k'akâra. tatô 'sâu têna sarvaviçvâsakârjêshu nijug'jatê*, drauf machte der Prinz auf Rath der Kupplerin den Kaufmannssohn namens K'ârudanta zu seinem Diener. Da wurde jener von diesem mit allen Vertrauensangelegenheiten beauftragt. — In nachdrücklicher Weise geht *asôu* einem Relativsatze voraus Nal. III 2 *kê vâi bhavantaḥ, kaçk'a-asâu jasjâham dûta îpsitaḥ*? wer seid ihr, und wer ist der, als dessen Bote ich verlangt werde?

Der Abschnitt über kirchenslawisches *ovŭ*, über welches wir noch ein Wort beifügen müssen, bei Miklosich (Vergl.

---

33) Bekanntlich will Scherer (Zur Gesch. d. D. Spr. S. 320) *asâu* zum Loc. des Substantivs *asu* „Lebenshauch, Leben" machen. Es sei dieser Loc. den Wörtern, „die wir jetzt mit Nominativ-*s* finden", ursprünglich nachgesetzt worden, in der Bedeutung „im Leben befindlich, lebendig". Diese Hypothese, die Sch. noch weiter ausführt, hat nicht den geringsten positiven Anhalt, sicherlich nicht hat sie einen solchen an dem wirklichen Gebrauche des Pronomens *asâu*. Beachtenswerth ist, dass dieses sowohl, als auch das zend. *hâu* für Masc. und für Fem. gilt. Vielleicht sind wir berechtigt *hâu* und *asâu* ursprünglich nur für feminine Bildungen zu halten, dadurch entstanden, dass an die Nominative *sâ*, *asâ* die namentlich im vedischen Sanskrit vielfach vorkommende Partikel *u* angewachsen ist. Aehnlich fasst diese Pronominalformen Benfey auf, Vollst. Gramm. § 776 III und V 3, nur dass er das masculine *asâu* aus *asa + u* mit unregelmässiger Verbindung des *ă* und *u* zu *âu* hervorgehen lässt, während ich in diesem Falle lieber eine Formenübertragung annehmen möchte. Günstig für dieselbe war es jedenfalls, dass der ursprüngliche feminine Charakter von *asâu* nicht mehr im Auslaute fühlbar war.

Gr. d. slaw. Spr. IV S. 94) ist nicht recht klar; Schleicher (Formenl. des Kirchensl. S. 261) giebt *ille* als Bedeutung desselben an. Doch ist auch dies nicht recht genau, denn im ostromirischen Evangelium kommt *ovŭ* stets, d. i. an acht verschiedenen Stellen, nur bei Aufzählungen vor, in denen angegeben wird, dass die einen dies, die andern das thaten. Die Stellen sind folgende: Joh. VII 2 (Ostr. Ev. S. 26, 1) *ovi.... iniže*, griech. οἱ μὲν... ἄλλοι δέ, goth. *sumaih ... antharai*; ebenso Matth. XVI 14 (S. 281, 1) und Marc. VIII 28 (S. 134, 4), nur dass an letzterer Stelle im griechischen und gothischen Texte die Bezeichnung für „die einen" fehlt. Matth. XXVIII 17 (S. 204, 2) entspricht *ovi* dem griech. οἱ δέ, und Matth. XXVI 67 (S. 163, 1) *oviže* dem griech. ἄλλοι δέ, goth. *sumaiththan*, wobei in allen drei Texten ein „die einen" im ersten Gliede fehlt. Der Nom. S. *ovŭ* steht ähnlich Matth. XXII 5 (S. 80, 4) *oniže nebrěguše otidoše, ovŭ na selo svoje, oviže na kąplją svoją*, οἱ δὲ ἀμελήσαντες ἀπῆλθον, ὁ μὲν εἰς τὸν ἴδιον ἀγρὸν, ὁ δὲ εἰς τὴν ἐμπορίαν αὐτοῦ. Luc. VIII 5 (S. 94, 3) entspricht *ovŭ* dem griech. ὁ μέν, dem goth. *sum*. Matth. XXI 35 (S. 78, 4) ist ὃν μέν.... ὃν δέ durch *ovogo ... ovogože* (im Slaw. steht die Genetivform oft im Sinne eines Accusativs) wiedergegeben, Matth. XXV 15 (S. 149, 1) ᾧ μέν ... ᾧ δέ ... ᾧ δέ durch *ovomu ... ovomuže ... ovomu*. — Offenbar geht aus diesen Stellen hervor, dass das slawische *ovŭ* eigentlich kein Demonstrativpronomen ist. Es ist dasselbe vielmehr fast in die Reihe der Indefinita eingetreten, aber doch so, dass die Unbestimmtheit in gewissem Sinne beschränkt ist; denn aus dem Vorausgehenden sieht man immer, dass ganz bestimmte Personen im Grund gemeint sind, nur dass es in dem betreffenden Falle nicht gerade auf Namennennung derselben ankommt. Wir kommen auf die Art und Weise, wie Demonstrativa indefinite Pronomina werden, im nächsten Capitel nochmals zu sprechen.

Jedenfalls haben wir erkannt, dass alle die den Pronominalstamm *u* enthaltenden Pronomina einen gemeinschaftlichen Charakter haben, und es fragt sich nur, ob als Grundbedeutung des Pronominalstamms *u* das Verweisen in die Ferne anzusetzen ist, oder ob diese demonstrative Function nur dem zusammengesetzten Stamme *au, ava* angehört, während der einfache Stamm ursprünglich einfaches Pronomen der dritten Person ist. Ich möchte mich für das letztere entscheiden und zwar deshalb, weil sonst kein echter, starker Demonstrativstamm Partikeln von so einfacher und verhältnissmässig farbloser Function geliefert hat, als es im Sanskrit die Partikel *u* ist. Der Stamm *u* würde dann ein Seitenstück zum Stamm *i* sein. Auch hierauf kommen wir im nächsten Capitel nochmals zu sprechen, jetzt sei nur nochmals daran erinnert, dass das Gemeinsame im Gebrauch von οὗτος und αὐτός, die anaphorische Function, auf dem Pronominalstamme *u* beruht.

Es wäre nicht im Geringsten zu verwundern, wenn οὗτος im Griechischen das in die Ferne verweisende Pronomen wäre, und eine Annäherung zu diesem Gebrauche liegt sicherlich darin vor, dass οὗτος nicht selten allgemein bekannte und berühmte Objecte bezeichnet [34]), allein von den frühesten Zeiten an vertritt den Begriff „jener" gewöhnlich das zweite anaphorische Demonstrativpronomen κεῖνος, ἐκεῖνος. Erstere Form verhält sich zur letztern, wie das zend. *hâu* zum sanskr. *asâu*. Denn wir haben dem homerischen Gebrauche gegenüber, in welchem κεῖνος entschieden vorwiegt, ferner gegenüber den dialectischen Formen äol. κῆνος, dor. τῆνος nicht das geringste Recht κεῖνος erst als eine Verstümmelung von ἐκεῖνος zu betrachten. Auf *kaina*, die Grundform von κεῖνος, reimt sich vortrefflich der dem

---

34) Die Fähigkeit in der Aussenwelt auf entferntere Objecte hinzuweisen möchte ich anerkennen Xen. Anab. IV 7, 4. Ἀλλὰ μία αὕτη ἐστὶ πάροδος ἣν ὁρᾷς. ὅταν δέ τις ταύτῃ πειρᾶται παριέναι, κυλινδοῦσι λίθους ὑπὲρ ταύτης τῆς ὑπερεχούσης πέτρας. Cheirisophos und Xenophon sind natürlich fern von diesem Terrain.

gothischen *jains* zu Grunde liegende Stamm *jaina*. Beide haben dieselbe Bedeutung, und es liegt daher der Gedanke nahe, dass der Hauptsitz derselben weder im anlautenden x des griechischen noch im anlautenden *j* des gothischen Pronomens liege. Diese Vermuthung wird zur Gewissheit durch das aus dem Litauischen hierher gehörige der Bedeutung nach genau entsprechende Pronomen *ans* (St. *ana*). Hierzu kommt, dass im Ahd. bei Notker das deutsche Pronomen ohne *j* in der Gestalt *ënêr ëniu ënez* erscheint. Man hat aber gar nicht nöthig dieselbe als Verstümmelung der gewöhnlichen, volleren Form *jëner*, *gëner* aufzufassen — Abwerfen eines anlautenden *j* ist wohl im Nordischen, aber nicht im Althochdeutschen eine gewöhnliche Erscheinung [35]) —, sondern *ëner* ist die echt althochdeutsche Gestalt des litauischen *ans*, und *ë* bezeichnet hier dieselbe Mittelstufe zwischen ursprünglichem *a* und dessen völliger Schwächung zu *i* wie in *zëman* (goth. *ga-timan*). Ebenso wird das altnordische *enn en et* oder *inn in it* aufzufassen sein, doch könnte man dasselbe ebensogut mit *jener* identificiren. Dieses nun geht auf einen volleren Stamm *jana* zurück, der sich also vom Stamme *ana* dadurch unterscheidet, dass bei ihm der Pronominalstamm *ja*, bei letzterem der Pronominalstamm *a* vor den Grundstamm *na* getreten ist. Diese Auffassung wird weiter gerechtfertigt durch das altpreussische *tans* und das altnordische *hann hon*, beides einfache Pronomina der 3. Person, von denen ersteres einem Stamme *tana*, letzteres einem Stamme *kana* (Lottner, Ztschr. V. S. 395) angehört. Zu diesen Stämmen stellen sich wiederum die des äolischen κῆνος und des dorischen τῆνος, nur dass sie auffallender Weise einen langen *A*-laut in der ersten Silbe aufweisen, der sich auch in τοσσῆνος (Theocr.

---

[35]) Es ist nur zu constatiren, dass bei demselben Notker, bei welchem *ëner* die übliche Form ist, auch das Wort *jâmer* (Jammer) ohne anlautendes *j* erscheint. Deshalb kann man es nicht absolut abweisen, dass *ëner* aus *jëner* verstümmelt sei.

Relativpronomen. 75

I 51) wieder einstellt. Wir dürfen aber jene Pronomina der 3. Person umsomehr mit heranziehen, als *onŭ*, der kirchenslawische Vertreter des litauischen *ans*, beide Bedeutungen in sich vereinigt: in allen Casus ausser dem Nom. hat es seine alte demonstrative Bedeutung „jener" bewahrt, im Nom. dagegen ist es einfaches anaphorisches Pronomen geworden (s. Schleicher Formenl. S. 262, Miklosich Vergl. Gr. IV S. 95). Aus dem Sanskrit dürfen wir daher die Formen des Stammes *êna* herbeiziehen, welche gleichfalls die Bedeutung eines einfachen Pronomens der 3. Person haben (s. P. W. und M. Müller Skr. gr. § 270) und über deren Grundbedeutung sowie Zusammenhang mit dem goth. *ains* und dem lat. *oinos, unus* im nächsten Capitel noch die Rede sein wird.

Demnach erhalten wir als förmlich mathematisch richtige Gleichung, dass die Stämme *jana* (ahd. *jener*)[36], *tana* (altpr. *tans*), *kana* (altn. *hann*) sich zu *ana* (lit. *ans*, kirchensl. *onŭ*, ahd. *ener*) verhalten, wie *jaina* (goth. *jains*), *kaina* (gr. κεῖνος) zu *aina* (skr. *ênam*). Und sollte es nun noch auffallend sein, wenn wir bei der manigfaltigen Gestaltung der ersten Silbe aller der eben besprochenen Pronominalbildungen das eigentlich. tonangebende Element in der immer sich gleichbleibenden zweiten Silbe sehen, in dem Pronominalstamme *na*?[37] Dass schon ihm allein die Kraft inne wohnt in die Ferne zu verweisen, beweist die Negationspartikel *na*: das Verneinen war eben ursprünglich ein blosses Abweisen.

Vielleicht könnte man bei κεῖνος, ἐκεῖνος noch zweifeln, ob dessen individuelle Bedeutung wirklich vom Stamme *na* herrühre: das auslautende *νο* sieht so unbedeutend, so suffixartig hinter κει und ἐκει aus; ferner haben ja die

---

36) Auch das kirchenslawische *inŭ*, der andere, gehört nach Schleichers Vermuthung (Formenl. S. 44) hierher. Ueber den Bedeutungsübergang s. das nächste Capitel.
37) Scherer, Zur Gesch. d. D. Spr. S. 382, ist ähnlicher Ansicht.

Adverbia ἐκεῖ κεῖθι κεῖσε κεῖθεν auch ohne *na* doch die Beziehung auf das Fernliegende. Was den ersten Einwand anlangt, der mit demselben Rechte das goth. *jains* trifft, so haben wir ja schon an genug Beispielen gewahren können, wie grosse Neigung die Pronomina zu immer neuen und neuen Zusammensetzungen haben, und da die Weiterbildung bald nach vorn, bald nach hinten vor sich geht, so kann das bedeutungsvollste Element bald hinten, bald vorn zu stehen kommen. Natürlich sind die hinzutretenden Elemente nie völlig bedeutungslos gewesen, und wenn sie auch nur dazu dienten die ursprüngliche Bedeutung des einfachen Stamms kräftig zu erhalten. Viel gewichtiger ist der zweite Einwand, und ich würde seine Berechtigung unbedingt anerkennen, wenn nicht für mich die obige Zusammenstellung der sinnverwandten Pronomina, die alle als gemeinschaftlichen Factor den Stamm *na* haben, zu überzeugend wäre. Woher soll auch der ersten Silbe κει die Beziehung auf die Ferne kommen? Es würde dies eine ganz singuläre und durch keine Parallele aus den verwandten Sprachen belegbare Erscheinung sein. Und so vermuthe ich, dass in den oben genannten Adverbien das Verweisen in die Ferne erst eine spätere von ihnen übernommene Function ist; sie wurde von κεῖνος, ἐκεῖνος aus auf ἐκεῖ, κεῖθι u. s. w. übertragen, nachdem aus dem Bewusstsein geschwunden war, dass das charakteristische Element in jenem Pronomen das stammauslautende *na* ist. Diese Behauptung, dass die genannten Adverbia ursprünglich eine andere Bedeutung hatten, stützt sich auf die noch am nächsten vergleichbaren lateinischen Bildungen *cis, citra, citro* und die germanischen wie z. B. goth. *hêr*, ahd. *hera, hiar, herot*: sie alle haben ja gerade die schärfste Beziehung zu der nämlichen Stelle, an der sich der Redner befindet. Sowie aber im Germanischen hinter dem *hi* (Grundform *ki*) ein *n* erscheint, stellt sich sogleich die Beziehung in die Ferne ein: ahd. *hina* heisst „von hier fort, weg, fort", goth. *hindana* „hinter, jenseits", desgl. *hindar*. Man könnte sich versucht fühlen in ἐκεῖ dem anlautenden, einem ursprünglichen α entsprechenden ε die bedeutungsvolle Rolle zuzuweisen und anzunehmen, dass dies ε in den Formen κεῖσε, κεῖθεν, κεῖθι nur abgefallen sei. Allein diese letztgenannten Formen sind nachweislich die ältesten, sie sind die ausschliesslich in Il. und Od. gebräuchlichen, wenn man von dem vereinzelten ἐκεῖθι ϱ 10 absieht. Im dorischen Dialecte hat sich übrigens auch in den Adverbien der Pronominalstamm na erhalten, dem ἐκεῖ und κεῖθι entspricht τηνεί und τηνόθι, dem ἐκεῖθεν τηνῶθεν, und aus dem Aeolischen führt Hesychius wenigstens κηνώ im Sinne von ἐκεῖ an.

Schliesslich machen wir nun darauf aufmerksam, wie nahe sich die Stämme u und na in den sie enthaltenden Compositionen berühren, nur dass letzterer die Bedeutung „jener" von Haus aus, von ersterem aber, soweit unsere Beobachtung zurückreichen kann, erst das Compositum au, ava diese gehabt zu haben scheint. Doch mag dem sein, wie ihm wolle, die beiderseitigen Compositionen haben entweder die Function eines in die Ferne verweisenden Demonstrativpronomens oder eines einfachen Pronomens der 3. Person, und jedem der beiden Stämme gehört eine wichtige Negationspartikel an: na ist als solche in allen indogermanischen Sprachen vertreten, οὐ aber (Grundform ău) gehört nur dem Griechischen an [38]).

Wenn es gestattet ist, wie ich nicht bezweifele, die im Sanskrit und Zend lebendige Präposition ava herbeizuziehen, so zeigt diese klar und deutlich, dass auch bei οὐ das Verneinen als ein ursprüngliches in die Ferne Weisen, als ein Abweisen aufgefasst werden muss, wie man ja auch

---

38) Diese Negationspartikeln hat schon Bopp mit den Pronominalstämmen zusammengestellt (Vergl. Gr. II § 371 und § 379). Pott will οὐκ mit skr. avâk (deorsum) zusammenbringen (Präp.) S. 613, und ist nicht geneigt einen Zusammenhang zwischen der Präposition ava und dem gleichlautenden Pronominalstamme anzuerkennen (ebendas. S. 687). Auch die Negationspartikel na wird von ihm nicht mit dem Pronominalstamme in Verbindung gesetzt (Präp. S. 397 ff.).

jetzt noch eine Person, die man lieber nicht anwesend, eine Sache, die man lieber nicht geschehen sieht, ins Pfefferland, d. i. in ein fernes Land verwünscht.

Die drei Pronomina, κεῖνος, οὗτος einerseits und αὐτός andrerseits stimmen darin überein, dass sie sich (die ersten beiden oft, das letzte immer) auf in der Rede vorher Erwähntes beziehen. Das anaphorische Element ist in οὗτος und αὐτός der Pronominalstamm *u*, in κεῖνος der Pronominalstamm *na*. Uns kommt es aber gerade darauf an, das Wesen eines einfach anaphorischen Pronomens im Unterschied vom Demonstrativpronomen kennen zu lernen.

Das einfach anaphorische Pronomen (Gen. αὐτοῦ) unterscheidet sich nicht bloss vom scharfen Demonstrativpronomen (ὅδε) dadurch, dass es nie einer πρώτη γνῶσις dienen, nie direct auf Objecte in der Aussenwelt hinweisen, nie sich auf Folgendes in der Rede beziehen kann, sondern es ist auch von den anaphorischen Demonstrativen (οὗτος, κεῖνος) verschieden und zwar durch nichts anderes, als dass ihm eben völlig die Kraft der δεῖξις fehlt. Diese wohnt dem οὗτος innen vermöge des voranstehenden ὁ ἁ το, sie wohnt dem κεῖνος inne, weil ja *na* von Haus aus auch ein demonstrativer Stamm ist, und in Folge dessen können sich οὗτος und κεῖνος auch auf etwas weiter zurück erwähnte Personen oder Sachen beziehen, und können sie vor Allem mit einem gewissen Nachdrucke gebraucht werden, z. B. Xen. Anab. IV 8, 20 καὶ ἡγούμενος, ἐπεὶ ἐνέβαλεν εἰς τὴν ἑαυτοῖς πολεμίαν, παρεκελεύετο αἴθειν καὶ φθείρειν τὴν χώραν· ᾧ καὶ δῆλον ἐγένετο ὅτι τούτου ἕνεκα ἔλθοι, οὐ τῆς τῶν Ἑλλήνων εὐνοίας. Hier könnte unmöglich αὐτοῦ ἕνεκα stehen, ebensowenig könnte dieses Pronomen an den Stellen eintreten, an welchen οὗτος Erwähntes gleichsam abschliessend zusammenfasst, z. B. in ταῦτα εἶπεν, μετὰ ταῦτα u. dergl. Das einfache anaphorische Pronomen kann sich nur schlicht auf unmittelbar vorher Erwähntes beziehen, es führt eine eben erwähnte Person oder Sache ohne weitern Nachdruck in der Rede fort, namentlich diejenige, über welche in einem grössern oder kleinern Abschnitte der Rede hauptsächlich gehandelt wird, z. B. Xen. Anab. III 4, 1 μείναντες δὲ ταύτην τὴν ἡμέραν τῇ ἄλλῃ ἐπορεύοντο πρωιαίτερον ἀναστάντες· χαράδραν γὰρ αὐτοὺς ἔδει διαβῆναι ἐφ᾽ ᾗ ἐφοβοῦντο μὴ ἐπίθοιντο αὐτοῖς διαβαίνουσιν οἱ πολέμιοι. Ibid. 6 ἐνταῦθα πόλις ἦν ἐρήμη, μεγάλη, ὄνομα δ᾽ αὐτῇ ἦν Λάρισσα· ᾤκουν δὲ αὐτὴν τὸ παλαιὸν Μῆδοι. Jetzt fragt es sich aber, was thut das anaphorische Pronomen denn, wenn es nicht deiktisch ist? Die Antwort hierauf ist, das einfache anaphorische Pronomen ist blosser **Stellvertreter** seines Nomens [39]. Während das Demonstrativum stets so in die Aussenwelt hinaus oder in die Rede hinein, sei es nach rückwärts oder nach vorwärts, weist, dass man mit dem Blicke der Richtung, in welcher es hinweist, nachfolgen muss, kommt das anaphorische Pronomen stets in so unmittelbarem Anschluss an sein Nomen vor, dass letzteres in dem Pronomen gleichsam nur fortklingt, wie ein einmal angeschlagener Ton. Dieser Unterschied scheint subtil und ohne weitere Bedeutung zu sein, und doch beruht einzig und allein darauf die Thatsache, dass das demonstrative Pronomen sehr wohl adjectivisch, das einfach anaphorische dagegen niemals adjectivisch vorkommen kann. Denn was sollte letztres bei seinem Nomen, dessen blosser Stellvertreter es ist ohne irgend welche, im Nomen selbst nicht enthaltene, Beziehung hinzuzubringen? Das Demonstrativpronomen dagegen bringt eben in der δεῖξις ein neues Element seinem Nomen zu, indem es angiebt, dass letzteres sich hier oder da befinde, oder dass es von dieser oder jener, im Vorhergehenden erwähnten Qualität sei.

---

39) Auf αὐτός in seiner ursprünglicheren Bedeutung „er selbst" kommen wir erst im nächsten Capitel ausführlich zu sprechen. Hier sei nur darauf aufmerksam gemacht, wie αὐτός in dieser ursprünglicheren Bedeutung erst recht als blosser Stellvertreter einer genannten Person erscheint.

www.ingramcontent.com/pod-product-compliance
Lightning Source LLC
Chambersburg PA
CBHW020227090426
42735CB00010B/1614